LA PANDÉMIE EN SCIENCE-FICTION

sous la direction de

CHRISTOPHE BECKER & CLÉMENTINE HOUGUE

La Pandémie
en science-fiction

sous la direction de

Christophe Becker & Clémentine Hougue

Publication sous l'égide de
la société savante d'étude de la science-fiction **Stella Incognita**

Double comité de lecture
Stella Incognita
Association Académique pour les Humanités – AAH

AAH est un comité de lecture académique pour le champ des Humanités et des Lettres. Il décerne le label « AAH » aux travaux soumis s'ils sont de qualité universitaire.

AAH is an academic peer review for the fields of Humanities and Letters. It gives the 'AAH' label to submitted works if they reach academic quality.

Type du document : Livre / Book

Remerciements à :

Danièle André, présidente de l'association Stella Incognita,
car nous lui devons l'idée de cet ouvrage.

Jérôme Goffette, qui s'estt occupé
de la mise en forme de ce volume.

Bleuñwenn Jumin-Conan, pour son illustration originale en couverture.

Et à tous les membres de l'association Stella Incognita
qui arpentent avec passion le domaine de la science-fiction.

Édition : BoD – Books on Demand
12/14 rond-point des Champs-Élysée, 75008 Paris
Impression : BoD – Books on Demand, Norderstadt, Allemagne

ISBN : 9782322388417

Dépôt légal : novembre 2021

Penser l'après ?

« *Ils ne mouraient pas tous, mais tous étaient frappés* »
Jean de La Fontaine, « Les animaux malades de la peste »
Fables, Livre VII, 1678-1679

« *You were sick, but now you're well again, and there's work to do* »
Kurt Vonnegut, *Timequake*, 1997

L'apparition du virus COVID-19 à Wuhan en Chine en novembre 2019 a profondément bouleversé notre façon d'envisager l'équilibre mondial. Avec l'instauration d'un confinement généralisé et l'obligation, pour chacun, de limiter ses déplacements en vue d'endiguer la pandémie, la plus grande partie des systèmes politiques ont constaté la difficulté, voire, dans certains cas heureusement plus rares, l'impossibilité de lutter de manière efficace contre une menace virale de grande échelle. Cette situation, invraisemblable il y a peu de temps encore, avec son lot d'appréhensions, d'impatience voire de soupçons vis-à-vis du pouvoir en place, nous interroge à la fois dans notre position de lecteur et de critique. Dans quelle mesure les événements que nous traversons tous collectivement peuvent-ils être documentés par la science-fiction et quels enseignements le genre peut-il apporter ?

La fonction de modélisation cognitive du réel qu'endosse la littérature[1] permet d'informer, de discuter, de mettre en question la réalité. On trouve déjà chez Boccace le motif d'une pandémie qui pose un jalon historique important dans les liens entre imaginaire et pandémie. En effet, une épidémie de peste noire (le récit encadrant) permet d'introduire une série de nouvelles, correspondant aux différentes histoires narrées par un groupe de personnes confinées. Ces récits reposent sur un jeu de contraintes, chaque histoire empruntant à un registre différent. Tout en explorant un panorama de tonalités variées, le texte de Boccace met en évidence la fonction de l'imaginaire : il s'agit, pour les confinés, de « tuer le temps » ; aussi la relation entre ce « contexte » (qui est aussi un paratexte) et l'imaginaire est-elle profondément liée à la question téléologique.

---

1 SCHAEFFER Jean-Marie, *Qu'est-ce que la fiction ?*, 1999.

La pandémie : une expérience du temps de la fin

Outre Boccace, ce thème de l'épidémie traverse depuis longtemps la littérature : Montaigne (*Les Essais*, tome 3, chap. 12, 1595), comme Daniel Defoe (*A Journal of the Plague Year*, 1722) ou Georges Didi-Huberman (*Memorandum de la peste*, 1983) donnent leur version, témoignage, reconstitution ou version fantasmée de la progression de la peste sur le continent européen. Les approches varient néanmoins sensiblement suivant les époques, parfois de manière contre-intuitive : alors que la science pastorienne se développe, la « proto science-fiction » francophone, au tournant des XIXe et XXe siècles, ne s'empare pas du thème microbien-bactérien de manière aussi importante qu'aurait pu le laisser penser le tournant capital que représente cette nouvelle méthode scientifique, comme l'explique Alexandre Marcinkowski dans « La bande à bacilles. La belle époque des agents pathogènes dans la littérature de merveilleux scientifique (*circa* 1880-1930) ? »

Depuis, le motif de la pandémie a gagné le cinéma, la bande dessinée et les jeux vidéo, s'adressant aussi bien aux adultes qu'aux adolescents. Toutefois, comme l'explique Nadège Langbour dans « U4 ou la pandémie dans les fictions pour la jeunesse », la fiction pandémique est plus rare dans la littérature destinée aux adolescents et jeunes adultes : la chercheuse analyse ainsi la manière dont la quadrilogie *U4* (2015), écrite par quatre romanciers et romancières (Carole Trébor, Florence Hinckel, Yves Grevet et Vincent Villeminot), tisse un jeu intertextuel pour aborder l'épidémie à destination des adolescents.

Quels que soient le contexte historique ou le *medium*, il est possible de concevoir l'épidémie comme un nœud temporel, qui redéfinit la chronologie de nos sociétés en un « avant » et un « après ». Ce nœud est un *kaïros*, un instant décisif : suspendant le *chronos* (le temps linéaire, chronologique), il marque une opportunité, une occasion à saisir – avec prudence (*phronesis*), recommandait Aristote dans *L'Éthique à Nicomaque*.

Car face à la progression inexorable d'une pandémie, le temps chronologique vient à manquer : il faut agir et trouver le moyen de se protéger d'une potentielle contamination. Ainsi, « à l'extrême de sa ruinance, c'est-à-dire de sa perte dans l'affairement mondain, où le temps lui-même vient à manquer, la vie factuelle redécouvre l'essence agissant en elle-même du temps[1] » : l'épidémie nous aurait ainsi remis en contact avec le temps lui-même, tout comme le confinement. Le fait d'être cloîtrés, de se voir

---

1 HAAR Michel, « Le Moment, l'instant et le temps-du-monde. 1920-1927 », *in* MARQUET J.-F., *Heidegger 1919-1929*, 1996, p. 72.

contraints d'attendre un infléchissement de la situation (amélioration ou dégradation), suspendus aux annonces officielles, nous conduit inévitablement à regarder le temps passer – et à nous interroger sur sa nature même et sur la fin d'un monde.

Dans ce contexte, l'attente correspondrait à un temps messianique sécularisé, c'est-à-dire « le temps qui se contracte et commence à finir [...] le temps qui reste entre le temps et sa fin[1] ». On peut également voir se dessiner une dimension apocalyptique de la pandémie, l'apocalypse (ἀποκάλυψις) étant ici à entendre dans son sens originel de « révélation » : il s'avère en effet que la pandémie lève le voile sur les zones de fragilité politiques et sociales. Ce faisant, elle révèle le caractère essentiel de la culture et des arts. L'article d'Héloïse Thomas, « "Have you considered the perfection of the virus?" Pandemics, Apocalypses, and the Arts », met ainsi en lumière, dans son analyse de *Station Eleven* d'Emily St. John Mandel (2014), la place de la création et de l'imaginaire dans un monde postapocalyptique.

Cet instant décisif, la science-fiction nous permet de le modéliser et d'en tirer des enseignements politiques : comme d'autres récits de fin du monde, les fictions pandémiques ont pour fonction d'« historiciser le présent », de donner à penser « une *praxis*, c'est-à-dire une pratique politique du temps[2] ».

Art(s) du récit pandémique

Le virus met en lumière le scepticisme vis-à-vis de la communauté scientifique à laquelle se substitue une seconde communauté, celle de « sachants » autoproclamés qui multiplient les déclarations absurdes, voire dangereuses, comme Donald Trump qui proposait d'injecter du désinfectant aux malades afin de détruire le virus, se mettant alors en porte-à-faux avec les membres de son équipe, les docteurs Anthony Fauci et Deborah Birx[3] ; D. Trump qui parlait, en même temps et selon son auditoire, du virus comme d'une « grippe » ou comme de la « peste[4] », confirmant, d'une part, une prolifération et une mise en concurrence des discours, et, d'autre part, une tendance à la fictionnalisation des événements, rendue possible par la dérégulation de

---

1 AGAMBEN Giorgio. *Le temps qui reste. Un commentaire de l'Épître aux Romains*, 2000, p. 110-1.

2 ENGÉLIBERT Jean-Paul, *Fabuler la fin du monde. La puissance critique des fictions d'apocalypse*, 2019, p. 89.

3 HIATT, Fred *et al.*, « Trump's political meddling in the CDC and FDA is downright dangerous », *The Washington Post* [en ligne], 17 septembre 2020.

4 Le journaliste Bob Woodward a publié les transcriptions de ses conversations avec Donald Trump où l'ancien Président des États-Unis confirme la gravité du virus tout en affirmant, en public, sa quasi-innocuité : WOODWARD Bob, *Rage*, 2020.

l'information en ligne[1]. C'est cet aspect que Stefania Iliescu analyse, dans son article « Le virus du langage dans *The Flame Alphabet* », le roman de Ben Marcus qui, construit comme une métaphore de la surabondance informationnelle, interroge la possibilité même du vivre ensemble.

La science-fiction peut aussi provoquer chez le public, tenté d'oublier la frontière qui sépare fiction et réalité, des comportements irrationnels. Ainsi de Stephen King ; face aux réactions de lecteurs comparant l'intrigue d'un de ses romans à la situation sanitaire actuelle, l'auteur rappelle sur Twitter : « Non, le coronavirus n'est PAS comme *LE FLÉAU*. [...] Restez calmes et prenez toutes les précautions raisonnables[2] ». L'intervention de King à la télévision et sur les réseaux sociaux est significative, en ce que l'auteur est confronté à des individus qui se comportent comme des personnages de ses romans : une foule hystérique, incapable de penser un sujet et dominée par l'instinct de meute davantage que par la raison.

Le virus est désormais inscrit dans une « histoire », au sens de construction imaginaire, littéraire ou orale, un *storytelling* où les « hommes forts » mettent par exemple en scène leur virilité, où le réel est remis en question ; il interroge la notion de fait (politique, scientifique) devenu sujet d'écriture ou de palimpseste. On constate ainsi une mise en récit par les politiques et les médias, chaque « récitant » s'appropriant les faits pour leur donner une origine, un développement ou une issue : par exemple, le discours propagandiste des régimes autoritaires qui, en falsifiant des données scientifiques ou en biaisant la chronologie de la pandémie, ralentit la portée de la coopération internationale.

Que peut la science-fiction ?
Modélisations fictionnelles de la pandémie : implications sociales et politiques

La réponse apportée à l'épidémie a permis de repenser le rapport de l'individu à la société, du tribun à la *polis*, dans l'espace public et médiatique. Penser l'« après », avec tout l'optimisme naïf que le terme peut comporter, c'est accepter de voir d'un œil neuf les répercussions d'orientations économiques et de choix budgétaires susceptibles de fragiliser les services

---

1   BRONNER Gérald, *La Démocratie des crédules*, 2013.

2   KING Stephen [@StephenKing], "No, coronavirus is NOT like THE STAND. It's not anywhere near as serious. It's eminently survivable. Keep calm and take all reasonable precautions." [Tweet], *Twitter* [En ligne], 8 mars 2020. L'auteur fait référence à son roman *The Stand*, New York: Doubleday, 1978.

publics (santé, éducation, justice, etc.) ; c'est observer la mise en danger des populations les plus vulnérables. Dans sa trilogie *Maddadam*, Margaret Atwood pense la société consécutive à la catastrophe, mettant en lumière l'aspiration profonde des survivants à une structure hiérarchique, y compris tyrannique. L'« après » y est présenté comme une possibilité de bâtir une utopie, une société idéale, qui bascule finalement dans une dystopie : le *kaïros* pandémique est alors une mise en jeu du « faire société » – parier sur l'utopie, quitte à prendre le risque de son renversement totalitaire. C'est l'« inquiétante étrangeté » induite par cette incertitude qu'aborde Helen E. Mundler dans « From the *Unheimlich* to the new *Heimlich*: rereading Margaret Atwood's Maddaddam trilogy from the perspective of Covid-19 ».

Existe-t-il alors une affinité « naturelle » entre pandémie et science-fiction ? Le succès – et le nombre – de récits science-fictionnels portant sur des épidémies tient peut-être au fait qu'elles « touchent » particulièrement le lecteur, dans la mesure où elles nous atteignent tous. La poétique de la pandémie repose sur cette dimension universelle, révélant au lecteur sa propre fragilité, ainsi que celle de la société dans laquelle il évolue. Le virus dévoile alors une vulnérabilité qui se propage du corps individuel au corps social.

Concernant les conséquences de la pandémie sur la création artistique, le réalisateur David Cronenberg a exprimé sa crainte de voir le coût des mesures anti-COVID grever le budget de nouveaux films et entraver de nouvelles productions indépendantes[1]. En effet, le virus a eu un impact direct sur le monde de l'art en général et de la science-fiction en particulier, qu'il s'agisse de la fermeture des cinémas et des théâtres, de l'interruption de productions en cours, de l'arrêt de la distribution de *comic books* ou de mangas et de la fermeture des librairies qui, comme le constate le Syndicat de la librairie française, résistent tant bien que mal aux bouleversements provoqués par la crise sanitaire[2]. C'est toute l'industrie culturelle qui est touchée. Le scénariste anglais Alan Moore, quant à lui, évoque l'éventualité d'une disparition de l'industrie du *comic book*, définitivement terrassée par

---

[1] « Companies like Netflix have hugely deep pockets so they could perhaps afford to isolate an entire village in Iceland, for example, and have everybody tested twice a day. Most film productions can't handle that. For an independent film to tack on like another 30 per cent of the budget just for COVID is a non-starter. I think the immediate effect of will be to filter out interesting, difficult films in favour of more mainstream, big-budget films — and that's assuming even those could get made. Nobody can get COVID insurance. What company can afford to take that gamble? You know, the lead actor gets COVID, it's over, the movie is done », FRIEND David, « Q-and-A: David Cronenberg reflects on "Crash" and the future of COVID filmmaking », *The Canadian Press* [en ligne], 11 août 2020.

[2] La baisse du chiffre d'affaires global est de 3,3% comme l'annonce le syndicat le 5 janvier 2021, LE MONDE/AFP, « Covid-19 : les libraires ont limité la casse en 2020 », *Le Monde* [en ligne], 5 janvier 2021.

la crise sanitaire, ou bien hypothèse plus heureuse, une réinvention du médium[1]. Ce sera vraisemblablement le cas dans tous les champs de la création, qui ne manqueront pas de s'emparer de l'expérience collective pour renouveler les motifs de cet imaginaire.

Les pandémies, réelles comme fictionnelles, démontreraient que les sociétés post-industrielles doivent, notamment, changer leur manière de consommer (privilégiant désormais les circuits courts et écoresponsables), ouvrir les yeux quant aux conditions de travail de nombreuses catégories socioprofessionnelles, mais, en même temps et paradoxalement, que les sacrifices consentis par les populations doivent être accentués, que le modèle économique présent est le seul envisageable et qu'aspirer à un monde meilleur est proprement irresponsable : « Il faudra bien se poser la question tôt ou tard du temps de travail, des jours fériés et des congés payés pour accompagner la reprise et faciliter, en travaillant un peu plus, la création de croissance supplémentaire[2] », explique ainsi le président du MEDEF Geoffroy Roux de Bézieux dans un entretien au *Figaro*. L'économiste Henri Sterdyniak note, quant à lui, que « la crise a fait oublier les dogmes néolibéraux de l'impératif de l'équilibre budgétaire, qui volent en éclat lorsque les banques ou les entreprises ont besoin du soutien de l'État[3] », preuve du biais idéologique qui sous-tend une *doxa* économique qui n'est que trop rarement interrogée. La domination de la société contemporaine par le système économique capitaliste et les mécanismes qui le structurent fait partie des thèmes centraux des fictions zombies. Ainsi, comme l'écrit Jeanne Ferrier dans l'article « Grizzly ghouls », le mort-vivant est désormais une figure de l'écocritique dans la culture populaire : constamment affamé, il incarnerait la masse des consommateurs et questionnerait nos modes de vie et notre rapport à l'environnement.

Le « monde d'après » est-il en marche ? S'il a ses héros, ses méchants, ses boucs émissaires (l'État forcément autoritaire, l'étranger forcément responsable), la question de la rupture (idéologique, économique, sociale, etc.) reste ouverte. La gestion de la crise par les autorités ne sera pas sans conséquences politiques – la pandémie aura sans doute joué un rôle dans l'élection de Joe Biden en novembre 2020. Cependant, Naomi Klein souligne combien les catastrophes sont, en réalité, une opportunité pour les gouvernements de justifier des mesures économiques inégalitaires qui

---

1 JOHNSON Jim, « Alan Moore Says COVID May be Final Blow to the Comic Industry », *CBR* [en ligne], 9 octobre 2020.

2 LANDRÉ Marc, « Geoffroy Roux de Bézieux : "Il faudra se poser la question des RTT et des congés payés" », *Le Figaro* [en ligne], 10 avril 2020.

3 STERDYNIAK Henri, « Les dettes publiques au temps du coronavirus », *Les Économistes Atterrés* [en ligne], 23 avril 2020.

viennent consolider leur base idéologique[1]. Alors que le modèle temporel du *kaïros* nous laissait entrevoir la possibilité d'un instant décisif et d'une mise en question de notre modèle de société, il apparaît que, dans la fiction comme dans le réel, « la crise sert à verrouiller le débat politique », et non à le provoquer, comme l'explique Manouk Borzakian dans « Des zombies au Covid-19 : l'interminable apocalypse ».

La science-fiction ouvre la possibilité de regarder l'Histoire, d'expérimenter des scénarios alternatifs, de modéliser des conséquences géopolitiques : c'est par le biais des voyages dans le temps que Jean-Luc Gautero et Camille Noûs, dans l'article « La Peste », se proposent d'examiner des romans et nouvelles qui mettent en lumière les conséquences des pandémies sur l'Histoire. De ce temps encore suspendu entre « avant » et « après », nous ne pouvons tirer que des conclusions temporaires. C'est peut-être la caractéristique fondamentale des œuvres de science-fiction comme de la situation que nous vivons aujourd'hui : un temps incertain, changeant, traversé de contradictions. Ainsi, la pandémie – comme la peste dont traite Georges Didi-Huberman –, « serait comme une grande captation de tous les paradoxes. Totalitaire. Mais paradoxale (échec des mises en totalité). Mais totalitaire. Comme une religion, d'ailleurs : faite pour ne pas cesser, faite pour se donner à elle seule le libre arbitre, sans sujet, de cesser. Et comme elle : faite pour te fasciner[2]. »

Christophe Becker & Clémentine Hougue

Bibliographie sélective

AGAMBEN Giorgio. *Le temps qui reste. Un commentaire de l'*Épître aux Romains, trad. Judith Revel, Paris : Rivages Poche, 2000.

ARISTOTE, *Éthique à Nicomaque* [1883], trad. J. Barthélémy Saint-Hilaire, revue par Alfredo Gomez-Muller, Paris : Le Livre de Poche, 1992.

BRONNER Gérald, *La Démocratie des crédules*, Paris : PUF, 2013.

DEFOE Daniel, *A Journal of the Plague Year* [1722], New York: Dover Publications, 2003.

DIDI-HUBERMAN Georges, *Mémorandum de la peste* [1983], Paris : Christian Bourgois éditeur, 2006.

ENGÉLIBERT Jean-Paul, *Fabuler la fin du monde. La puissance critique des fictions d'apocalypse.* Paris : La Découverte, 2019.

---

1 KLEIN Naomi, The *Shock Doctrine: The Rise of Disaster Capitalism*, 2007.

2 DIDI-HUBERMAN Georges, *Mémorandum de la peste* [1983], 2006, p. 93.

FRIEND David, « Q-and-A: David Cronenberg reflects on 'Crash' and the future of COVID filmmaking », *The Canadian Press* [en ligne], 11 août 2020 [consulté le 19 juin 2021]. URL : https://toronto.citynews.ca/2020/08/11/q-and-a-david-cronenberg-reflects-on-crash-and-the-future-of-covid-filmmaking/?fbclid=IwAR3OPHgZiEKqJMpA8Z_wkhNY-r_sPCYVz06Z6IUsS0VwNVinqMfA70WE6i4

HAAR Michel, « Le Moment, l'instant et le temps-du-monde. 1920-1927 », *in* MARQUET Jean-Fraçois, *Heidegger 1919-1929. De l'Herméneutique de la facticité à la métaphysique du Dasein*, Paris : Vrin, 1996, p. 67-91.

HIATT Fred *et al.*, « Trump's political meddling in the CDC and FDA is downright dangerous », *The Washington Post* [en ligne], 17 septembre 2020 [consulté le 19 juin 2021]. URL : https://www.washingtonpost.com/opinions/trumps-political-meddling-in-the-cdc-and-fda-is-downright-dangerous/2020/09/17/7f68cf2a-f77b-11ea-a275-1a2c2d36e1f1_story.html

JOHNSON Jim, « Alan Moore Says COVID May be Final Blow to the Comic Industry », *CBR* [en ligne], 09 octobre 2020 [consulté le 19 juin 2021]. URL : https://www.cbr.com/alan-moore-covid-19-comics-industry-change/

KING Stephen [@StephenKing], "No, coronavirus is NOT like THE STAND..." [Tweet], *Twitter* [En ligne], 8 mars 2020 [Consulté le 23 juin 2021].

KING Stephen, *The Stand*, New York : Doubleday, 1978.

KLEIN Naomi, *The Shock Doctrine: The Rise of Disaster Capitalism*, Toronto: Knopf Canada, 2007.

LANDRÉ Marc, « Geoffroy Roux de Bézieux: "Il faudra se poser la question des RTT et des congés payés" », *Le Figaro* [en ligne], 10 avril 2020 [consulté le 19 juin 2021]. URL : https://www.lefigaro.fr/societes/geoffroy-roux-de-bezieux-la-reprise-c-est-maintenant-20200410

LE MONDE/AFP, « Covid-19 : les librairies ont limité la casse en 2020 », *Le Monde* [en ligne], 05 janvier 2021 [consulté le 19 juin 2021]. URL : https://www.lemonde.fr/livres/article/2021/01/05/covid-19-les-librairies-ont-limite-la-casse-en-2020_6065263_3260.html

MONTAIGNE Michel de, *Les Essais*, tome 3 [1595], Jean-François Bastien éditeur, 1783.

SCHAEFFER Jean-Marie, *Qu'est-ce que la fiction ?*, Paris : Seuil, 1999.

STERDYNIAK Henri, « Les dettes publiques au temps du coronavirus », *Les Économistes Atterrés* [en ligne], 23 avril 2020 [consulté le 19 juin 2021]. URL : http://www.atterres.org/article/les-dettes-publiques-au-temps-du-coronavirus

WOODWARD Bob, *Rage*, New-York : Simon & Schuster, 2020.

La bande à bacilles
La belle époque des agents pathogènes dans la littérature de merveilleux scientifique (circa 1880-1930) ?

Alexandre Marcinkowski

Chercheur indépendant

Les années 1880-1930 sont marquées par un certain triomphe de la science médicale, avec l'essor de la microbiologie et de l'immunologie, mais également par l'émergence d'une littérature d'anticipation sur le sujet microbien et de l'infiniment petit.

En 1892, le physiologiste Charles Richet (1850-1935) publiait l'ouvrage *Dans cent ans*. Le livre avait connu, peu auparavant, l'honneur de paraître en une série d'articles dans une revue d'excellence, sous le même intitulé[1]. Richet, médecin réputé, lui-même fils de médecin, et directeur de 1878 à 1902 de la *Revue scientifique*, dite « revue rose » du fait de la couleur de sa couverture, reste connu pour des travaux scientifiques touchant essentiellement à la biologie, ponctuellement à l'aéronautique, mais également comme littérateur[2].

Dans cent ans se veut une réflexion prospectiviste tant dans les domaines politique, économique que social et scientifique. Richet envisageait le perfectionnement de l'hygiène publique et la mise en place d'une véritable politique de vaccination, notamment contre la syphilis, afin de mieux réglementer la prostitution. Il restait persuadé que les maladies infectieuses seraient vaincues[3].

---

1   *Revue scientifique*, T. XLVIII, n° 24, 12 décembre 1891, p. 737-747 et n° 25, 19 décembre 1891, p. 779-785 ; T. XLIX, n° 5, 30 janvier 1892, p. 135-144 et n° 11, 12 mars 1892, p. 321-332. Un passage a été repris sous le titre « En l'an 1992 », dans *Les Annales politiques et littéraires*, n° 426, 20 mars 1892, p. 184.

2   Voir SEILLAN Jean-Marie, « Charles Richet : la science tentée par l'écriture littéraire », *in* VAN WIJLAND Jérôme (dir.), *Charles Richet (1850-1935). L'exercice de la curiosité*, 2015, p. 113-129.

3   RICHET Charles, *Dans cent ans*, 1892, p. 225.

Dans une approche plus littéraire, Richet a consacré au savant et aux microbes un petit récit sous le pseudonyme de Charles Epheyre. Dans « Le microbe du professeur Bakermann », Richet touchait à un point essentiel : la capacité du savant à manipuler le vivant, l'infiniment petit pour le rendre malfaisant[1]. Le laboratoire devenait tant le lieu de production mortifère qu'un espace de contagion possible. Le professeur Bakermann, du récit d'Epheyre, parviendra, certes, à vaincre l'épidémie, mais celle-ci s'étant propagée à l'Europe, elle fera 684 539 morts. Pourtant, ce n'est pas par la vaccination que Bakermann sauvera des vies, mais par l'emploi de l'électricité.

La recherche en laboratoire ou Institut, née pour endiguer la propagation des agents pathogènes comme pour lutter contre les maladies infectieuses, nous indique, avec le texte d'Epheyre, que les virus mortels ont été au cœur des préoccupations des hommes de sciences comme des écrivains. En effet, l'effrayante mortalité due aux maladies infectieuses permettra de confronter la littérature de merveilleux scientifique au développement de la bactériologie et des mesures sanitaires en France. Par conséquent, qu'est-ce que l'essor de cette littérature nous dit des peurs, des goûts de cette époque ? Il semble qu'il faille la mesurer.

La somme de toutes les peurs

La bactériologie, discipline neuve, n'est pas sortie tout armée du domaine universitaire. Elle est née de l'expérimentation en laboratoire avec l'usage du microscope et elle a permis à de nouvelles branches, l'immunologie et la chimiothérapie, de voir le jour. L'histoire a retenu deux noms de la « théorie microbienne », l'Allemand Koch et le Français Pasteur, bien que des chercheurs non pastoriens aient travaillé à la découverte de pathogènes tueurs[2].

Lutter contre la mortalité en France

Les pathologies microbiennes demeurent une cause de mortalité majeure au XIXe siècle, mais, grâce aux travaux pionniers de Pasteur puis de ses disciples (Roux, Calmette, Guérin, Yersin), l'identification de certaines maladies et la lutte contre ces dernières ont fait des progrès décisifs. Réfutant l'idée tenace de la génération spontanée responsable des maladies infectieuses, Pasteur défend l'hypothèse d'une action active des germes, de leur origine microbienne, quitte à bousculer le dogme établi. Bien qu'il

---

1   EPHEYRE Charles, « Le microbe du professeur Bakermann », *Revue politique et littéraire*, T. XLV, n° 4, 25 janvier 1890, p. 101-109.

2   Cf. LATOUR Bruno, *Les Microbes, guerre et paix*, 1984, p. 51-54.

pronostique la disparition de la peste ou de la tuberculose, les chiffres de la mortalité semblent lui donner tort.

Le taux de mortalité demeure élevé en France. S'il fluctue peu jusqu'en 1895, oscillant entre 22 et 22,5‰, à cette date il baisse rapidement pour atteindre 18,3‰ à la veille de la guerre, mais reste supérieur à celui des pays européens du Nord[1]. Cela dit, l'espérance de vie, entre 1880 et 1913, passe de 40,8 à 48,5 ans pour les hommes et de 43,4 à 52,4 ans pour les femmes. Ce gain de temps dans une vie humaine n'oblitère nullement l'existence d'inégalités sociales. On a plus de probabilité de mourir dans les grandes villes que dans les campagnes, malgré d'importantes disparités régionales. Au début des années 1910, à Paris, la mort frappe plus durement les arrondissements miséreux (XIIIe, XIXe, XXe) que ceux plus aisés (VIIIe, XVIe, IXe)[2]. De quelles maladies meurt-on en France ?

Des maladies épidémiques infectieuses, qui affectent l'homme du XIXe siècle, certaines disparaissent (lèpre, peste), s'atténuent (choléra, paludisme, dysenterie, tuberculoses – cérébrale, pulmonaire et une forme non définie), émergent (la morve équine) ou progressent (poliomyélite, syphilis). Les recensements de l'état sanitaire de la population montrent que quatre fléaux majeurs, d'après la nomenclature de l'époque (cf. tableau n° 1), sont la cause essentielle des décès.

Tableau n° 1 : Principales causes de décès, par maladies, en nombre absolu

Maladies	1909	1914	1928	1936
Tuberculose	76 726	76 215	67 679	49 300
Maladies organiques du cœur	58 958	51 813	61 810	64 809
Congestion, hémorragie du cerveau	55 792	38 884	39 967	48 475
Cancers et autres tumeurs malignes	30 645	26 476	39 140	40 229
Nombre total de décès en France	755 442	693 479	674 016	642 318

Sources : *Annuaire statistique*, vol. XXX (1910), p. 64 ; vol. XXXXVII (1921), p. 63 ; vol. XLV (1929), p. 40-41 ; vol. CIX (1939), p. 47-48.

1 Chiffres donnés par ARMENGAUD André, *La Population française au XIXe siècle*, 1971, p. 52.

2 Voir HERSCH Lucien, « L'Inégalité devant la mort, d'après les statistiques de la ville de Paris », *Revue d'économie politique*, T. XXXIV, n° 3 (mai-juin), 1920, p. 273-302 et n° 4 (juillet-août), 1920, p. 447-466.

Aux côtés des maladies citées plus haut, la hantise d'attraper le « mal de Naples », le « croup » ou la « diphtérie » terrifiait les populations et on espérait beaucoup de l'Institut Pasteur, inauguré officiellement le 14 novembre 1888. Puis suivront les fondations des Instituts Pasteur de Lille, de Marseille, Lyon, Bordeaux et Montpellier. La recherche vaccinale française se structurait autour d'un établissement emblématique et d'un chef de file qui, dans l'imaginaire littéraire pré-science-fictionnel, ne laissèrent pas indifférents les écrivains[1].

La mise en application des découvertes de Pasteur, dont Pierre Darmon a rappelé les grandes étapes[2] – depuis ses observations du rôle des micro-organismes dans la fermentation en 1855, ses intuitions sur la variation de la virulence, jusqu'à la mise au point de vaccins –, s'étale dans le temps. Ce n'est qu'en 1921 que le pastorien André Calmette, aidé du vétérinaire Camille Guérin, expérimente sur des enfants, avec le succès que l'on sait, un vaccin antituberculeux, élaboré à partir du bacille de Koch (1882), et que l'on nomme bacille cilié Calmette-Guérin (BCG). Il faut attendre la loi de 1950 et les décrets de 1952 pour que son administration devienne une obligation scolaire.

La construction d'hôpitaux ou la réfection d'anciens bâtiments, engagée sous le Second Empire, ainsi que la modernisation du matériel, se poursuivent sous la IIIᵉ République. La couverture du territoire national en personnel de santé est également assurée et les chiffres sont éloquents. En moins de cinquante ans (1881 à 1926), le nombre de médecins et chirurgiens diplômés a plus que doublé (on passe de 11 643 à 23 992), alors que, dans le même temps, celui des officiers de santé, qui exercent une médecine restreinte du fait de leur peu d'études validées par un simple certificat, décroît ostensiblement (3 203 à 217)[3]. L'officiat de santé fut, du reste, aboli en 1892 par la loi du 30 novembre.

Malgré la progression du nombre de médecins, ces derniers restèrent des personnages contestés, à la position ambiguë. Ils ne bénéficièrent pas, d'une part, du prestige de l'homme de science, car la profession fut incapable de lutter efficacement contre le charlatanisme, l'exercice illégal de la médecine (par des herboristes, rebouteux, magnétiseurs, pharmaciens, curés, etc.) ou

---

1   Voir les romans de DELTEIL Joseph, *Les Cinq sens* ; GROSCLAUDE Étienne, « Une maladie intéressante – M. le docteur Pasteur et le microbe – Le bacille homme », *Les Gaîtés de l'année*, 1886, p. 19-32 ; SILVESTRE Armand, « Laripète-Pasteur », *Au pays du rire*, 1888, p. 95-102 ; VOLLARD Ambroise, *La Politique coloniale du père Ubu*, 1919.

2   DARMON Pierre, *L'Homme et les microbes*, 1999.

3   Sources : *Annuaire statistique*, vol. XXXVI (1919-1920), p. 33 ; vol. XLII (1926), 1927, p. 34.

l'usurpation du titre de docteur par des officiers de santé. D'autre part, nombre d'ordonnances étaient illisibles, incomplètes, erronées.

Par ailleurs, dans le domaine de la chirurgie, qui s'exerce désormais en milieu hospitalier, des progrès sont réalisés dans le traitement des blessures, comme des accidents au travail où les règles de l'antisepsie sont appliquées. L'utilisation du chloroforme, du phénol (1861), du coaltar saponiné (1862), le perfectionnement des bandages (plâtre) et attelles, l'apparition d'instruments spécialisés (étuve, autoclave, bougie filtrante), des gants en caoutchouc (1909), contribuent à une meilleure qualité de soins.

La consécration des thèses pastoriennes : hygiène et salubrité

Il y a un peu moins de 120 ans, le législateur faisait paraître au *Journal officiel* une loi sur la protection de la Santé Publique. Cette loi de 1902 entérinait les efforts des pastoriens pour promouvoir vaccination et désinfection. Sa mise en place suscita néanmoins quelques réserves et réticences sur des principes d'organisation.

Les découvertes pastoriennes sont favorisées, sous la pression des hygiénistes, par quelques initiatives venant de l'État pour lutter contre les infections. C'est pourquoi, lorsque le ministère Waldeck-Rousseau fait voter la loi du 15 février 1902 sur l'hygiène publique, le texte reprend et complète les dispositifs législatifs sanitaires antérieurs : assainissement des communes urbaines et rurales, salubrité des logements (lumière, absence d'humidité, aération), déclaration des maladies contagieuses par le corps médical, vaccination obligatoire des enfants contre la variole, création de commissions sanitaires de circonscription[1]. À ce dispositif est venue s'ajouter la loi du 1er août 1905 sur le contrôle bactériologique de l'industrie alimentaire. Le législateur entendait exercer une surveillance vétérinaire qualitative et rigoureuse pour limiter toute contamination humaine lors de la consommation de denrées alimentaires.

On aurait pu penser qu'avec ces lois, la France, non seulement comblait un retard européen, mais se plaçait en position dominante des pays

---

1 Sur la mise en place progressive des diverses législations en matière sanitaire jusqu'à l'aboutissement de la loi de 1902, voir CAVÉ Isabelle, *État, santé publique et médecine à la fin du XIXᵉ siècle français*, 2016, p. 84-132.

industrialisés. Ce ne fut pas le cas. La mortalité générale demeure toujours élevée, en moyenne 723 000 décès par an dans les années 1910, et s'explique, dans bien des foyers, par une vie misérable, une hygiène déplorable et la passivité ou la mollesse de l'administration, tant centrale que territoriale. La loi relative à la santé publique de 1902 contenait des faiblesses qui ont été pointées : une absence d'obligation, dont la plus « grande latitude est laissée aux communes », l'inexistence d'un corps de fonctionnaires dédié à son application, le dilettantisme des élites locales, la confusion entre sphère publique (signalement d'une épidémie par la gendarmerie ou l'instituteur) et sphère privée (mais application et traitement par des médecins et des pharmaciens) quant à savoir qui doit faire quoi, sur la prise en charge financière des coûts de santé[1].

Si l'hygiène et la salubrité publiques furent au cœur des préoccupations des différents hommes publics comme des écrivains (Balzac, Sue, Zola, Proust) ou des théoriciens (Marx, Pareto), la faible implication de l'État, les mauvais choix politiques et le manque de moyens ont rendu les actions erratiques[2]. Ainsi, les maladies infectieuses (tuberculose, choléra, variole, typhoïde) reculent bien plus en Europe qu'en France. La direction de l'hygiène publique est ballottée d'un ministère (du Commerce) à l'autre (l'Intérieur) sans avoir d'autonomie propre. Le ministère de l'Hygiène ne verra le jour qu'en 1920. Dans une France encore très rurale, l'urbanisation de nombreuses villes ne se souciait guère des questions d'assainissement et de salubrité publique. De fait, la faible pénétration de la science pastorienne dans les mentalités n'a pas eu pleinement les effets escomptés et a peu influé sur les attitudes des Français.

Si la lutte contre la mortalité provoquée par des maladies a évolué de manière positive dans la France fin-de-siècle, des peurs subsistent toujours. Michel Winock a souligné que, fait paradoxal, c'est au moment où l'hygiène et la médecine ont fait des progrès remarquables que le fatalisme et l'angoisse se sont emparés des esprits[3]. La crainte sous-jacente d'être terrassé par les « empoisonnements miasmatiques » est toujours présente. L'appréhension devant la contagion, pouvant frapper chacun, quels que soient l'âge et le sexe, se traduit concrètement. Parallèlement, toute une

---

1 Voir le travail très documenté de MURARD Lion et ZYLBERMAN Patrick, *L'Hygiène dans la République. La santé publique en France ou l'utopie contrariée (1870-1918)*, 1996, p. 125-128.

2 Voir JORLAND Gérard, *Une société à soigner. Hygiène et salubrité publiques en France au XIXᵉ siècle*, 2010.

3 WINOCK Michel, *La Belle Époque. La France de 1900 à 1914*, 2002, p. 193.

littérature d'anticipation exprime une anxiété devant l'ennemi invisible comme nous l'avons vu chez Epheyre : « Le *Morti-fulgurans* existe. Je l'ai créé [dit Bakermann], je l'ai fait sortir du néant. Je l'ai construit de toutes pièces, inattaquable, irrésistible, défiant la médecine et les médecins. Je le conserve dans mes fioles »[1] et maintenant, libéré, il tue. Pour le dire autrement, les agents pathogènes ont excité la pensée des écrivains de romans populaires.

Rétrofictions au microscope

Pour saisir pleinement le contexte d'apparition du thème microbien, les données statistiques s'avèrent nécessaires. Elles permettent d'établir un cadre plus solide dans la recherche sans se laisser égarer par l'anecdote ou les détails des œuvres, ou bien se fourvoyer par un fait marginal et exceptionnel du texte, ou encore être abusé par une citation faisant exemple de généralité. Aussi, la parution du récent et monumental travail de recherches sur les œuvres d'anticipation francophones, par Guy Costes & Joseph Altairac, constitue-t-il un excellent socle pour notre étude. Les documents collectés dans l'encyclopédie *Rétrofictions* nous ont servi à établir un comptage des œuvres ayant un rapport avec le monde des microbes et autres bacilles comme de l'hygiène et de la santé[2].

Sur les traces de l'ennemi invisible

À partir des index de *Rétrofictions*, nous avons pu dresser une chronologie (tableau n° 2) des parutions de récits de merveilleux scientifique. Ils coïncident avec les grandes étapes des découvertes dans le domaine de la bactériologie qui se périodisent autour de quatre moments forts : 1) les années 1880 où Pasteur et Koch ont pu démontrer la présence de micro-organismes responsables de maladies telles la rage et la tuberculose ; 2) le début des années 1910, quand le premier traitement efficace contre la syphilis est mis au point (1912) ; 3) la fin des années vingt, moment où les propriétés antibactériennes de la pénicilline sont révélées ; et enfin 4) le tout début de la microscopie électronique permettant une meilleure connaissance des agents viraux à la fin des années trente.

---

1 EPHEYRE Charles, *op. cit.*, p. 106.

2 COSTES Guy et ALTAIRAC Joseph, *Rétrofictions. Encyclopédie de la conjecture romanesque rationnelle francophone*, 2018.

Tableau n° 2 : Nombre de titres par période

Périodes	Nb total de titres	Nb de titres « microbiques »	% des titres « microbiques »
1851-1880	508	11	2,16%
1881-1910	2 727	97	3,55%
1911-1930	3 097	96	3,10%
1931-1951	4 149	125	3,01%
Total	10 481	329	3,13%

Source : Costes & Altairac, *Rétrofictions*, aux thèmes/sous-thèmes : Médecine/diagnostic, sérum, philtre ou vaccin ; Médecine/hygiène, santé publique ; Médecine/maladie inconnue ou cryptomaladie ; Microbe/monde des microbes ; Microbe/mutation des microbes ; Microbe, bacille, bactérie, virus ; Microbe ou virus/maladie ; Fin de l'humanité/maladie ; Guerre imaginaire/bactériologique ou chimique.

Le tableau n° 2 permet de saisir la tendance de la « littérature microbique »[1] qui suit celle de l'évolution générale. Si l'on constate une évolution nette du nombre de titres sur les périodes, cette progression est pondérée par le taux décroissant de titres « microbiques » selon les tranches chronologiques, à l'exception des années 1881-1910. On peut penser, sans trop se tromper, que la baisse régulière du taux, dans les quatre tranches chronologiques, a pour cause l'apparition de nouveaux motifs (fusée, robot, rayons, etc.), une spécialisation des périodiques (illustré pour enfants, bande dessinée) et l'émergence de récentes formes de divertissements (cinématographe, radio). La période 1881-1910 semble, quant à elle, correspondre au plein essor du roman-feuilleton dans la presse à grand tirage, de l'accroissement du nombre d'écrivains professionnels et de libraires-éditeurs, ainsi qu'au développement du genre roman scientifique ou de merveilleux scientifique. La loi du 29 juillet 1881, sur la liberté de la presse, et les lois sur l'instruction publique de Ferry (1881-1882) y contribuèrent grandement.

L'effectif de 193 titres « microbiques » de l'échantillon pour la période allant de 1880 à 1930 – puisque nous n'en avons trouvé aucun pour l'année 1880 – doit être revu plus finement.

---

1 Terme employé par la presse quotidienne (*Le Petit Journal*, *Le Temps*, *Le Siècle*, *Le Matin*, etc.) comme régionale (*Le Petit Marseillais*, *Le Phare de la Loire*, etc.)

La « littérature microbique » en germes ?

La collecte issue de *Rétrofictions* ne peut être acceptée telle quelle, puisqu'elle comporte une grande hétérogénéité de sources. N'ont été conservés que les textes, quelle que soit la nature du document, en rapport avec les agents infectieux. Cela nous a conduit à repérer un même titre ventilé dans les divers sous-thèmes et à retenir la première date de publication.

La méthode de sélection et d'intégration d'un titre dans l'index thématique de *Rétrofictions* est, bien naturellement, subjective. Le thème, comme unité de sens, possède une fonctionnalité narrative et donne à l'œuvre son caractère propre. Sa cohérence générale peut être sujette à des variations (sa place dans l'intrigue, fonction descriptive, élément marginal), qui en atténuent la portée, le rendant ainsi moins perceptible pour le lecteur. On aurait pu ainsi imaginer d'autres mots-clés thématiques ou sous-thématiques (modernité, laboratoire ou confort) par exemple.

Un exemple significatif en révèle la complexité : *Les Cinq cents millions de la Bégum* de Jules Verne a été classé sous « Arme extrapolée/de gros calibre ». Mais d'autres y ont vu un roman hygiéniste[1]. Il en va de même pour la nouvelle des *Contes cruels* de Villiers de l'Isle-Adam, « Le traitement du docteur Tristan », rangée sous « Médecine/hygiène, santé publique », dont le recueil reste considéré comme appartenant aux œuvres symbolistes[2]. Fallait-il garder *Les deux femmes* de J.-H. Rosny qui s'apparente plus au roman de mœurs et psychologique qu'au merveilleux scientifique[3] ?

À ces interrogations vient s'ajouter l'existence d'entrées-doublons. Par exemple, a été comptabilisée deux fois la nouvelle de Gaston de Pawlowski parue sous le titre « Les Immortels » en 1910 et devenant « Les Bactéries géantes » en 1912, ou celle de Jean Richepin, « La Thaumaturge » (1893) intitulée « L'Atlante » quelques années après (1897). Le roman-feuilleton « L'Offensive des microbes », sous la plume du professeur Motus, devient l'ouvrage *La Guerre microbienne, la fin du monde* du professeur X. Il en va de même pour la trilogie de Paul d'Ivoi narrant les aventures de l'espion X.

---

1   C'est le cas de LATOUR Bruno, *op. cit.*, p. 29, qui s'égare sur l'exactitude du titre vernien.

2   BORDEAUX Henry, « Le Symbolisme et Villiers de l'Isle-Adam », *L'Écho de Paris*, n° 20701, 21 juin 1936, p. 1. Il aurait sans doute mieux valu classer le texte en créant le thème : sous-thème Médecine/charlatanisme

3   Voir HAMON Philippe et VIBOUD Alexandrine, *Dictionnaire thématique du roman de mœurs en France (1814-1914)*, 2008, t. I, p. 389 et t. II, p. 142.

323 (*L'homme sans visage*, 1908 ; *Le Canon du sommeil*, 1908 ; *Les Dix yeux*, 1910-1911), qui connaît une autre vie sous des titres différents, puis est republiée sous le titre *Z. 212, espion*, en plusieurs parties, et enfin en feuilleton dans la presse régionale de 1915 à 1916, avec modification des noms des personnages[1].

Tableau n° 3 : Répartition des titres retenus par nature des documents

Nature du document	Nombre de titres	N° dans *Rétrofictions*
Article	1	6005
Dessin	3	776 ; 7652 ; 10335
Nouvelle dans le journal	17	2768 ; 2895 ; 3087 ; 3105 ; 3706 ; 3719 ; 3806 ; 3902 ; 4047 ; 5266 ; 5659 ; 6305 ; 7353 ; 7443 ; 8533 ; 8992 ; 9566
Nouvelle en recueil	8	1167 ; 3092 ; 4837 ; 5324 ; 5665 ; 8808 ; 9700 ; 10129
Nouvelle en revue (hebdomadaire ou mensuelle)	13	318 ; 483 ; 4389 ; 5967 ; 6302 ; 6610 ; 6749 ; 6910 ; 7934 ; 9956 ; 10108 ; 10240 ; 10737
Novellisation	2	3725 ; 6137
Pièce à spectacle	2	3001 ; 3010
Récit dessiné	8	983 ; 1857 ; 2881 ; 5242 ; 6303 ; 8618 ; 8987 ; 10562
Roman	13	1519 ; 1672 ; 1826 ; 1866 ; 1934 ; 2194 ; 2609 ; 3810 ; 3882 ; 4485 ; 8094 ; 8384 ; 8983
Roman-feuilleton	10	1166 ; 1578 ; 3811 ; 4693 ; 5489 ; 6805 ; 6998 ; 7442 ; 8409 ; 10724
Total	**77**	

Ensuite, nous avons écarté certains auteurs qui, bien qu'écrivant en langue française, sont soit belges (Jean Ray, Jean De Boeck, François Léonard), soit

---

1 Voir PALEWSKA Marie, « Le canon et la plume. Paul d'Ivoi et la guerre », *Le Rocambole*, n° 66, 2014, p. 120-123.

canadien (Georges Bugnet). D'autres, en revanche, ont été ajoutés, comme *Je brûle Paris* de Jasienski, puisque le motif est l'élément déclencheur du cataclysme qu'il provoque. Et enfin, *Rétrofictions* ne tient pas compte, dans le choix des auteurs, des romans étrangers traduits en France.

Il se trouve que deux écrits sont particulièrement intéressants parce qu'ils ont marqué les esprits : dans l'un d'eux, l'action d'agents pathogènes terrasse un ennemi venu d'ailleurs, dans l'autre, une mystérieuse maladie décime la population. Dans *La Guerre des mondes*, que traduit Henry-D. Davray pour la revue du *Mercure de France* en 1900, les microbes viennent à bout des Martiens. Si l'agent pathogène n'est pas au cœur du récit wellsien, il offre, à la toute fin, une solution réaliste pour vaincre un ennemi bien supérieur technologiquement. Et Wells savait de quoi il en retournait puisque, élève du grand Thomas Henry Huxley, il avait appris la biologie en suivant l'enseignement du maître à South Kensington[1]. Il en va de même pour le court roman de Jack London, traduit en feuilleton par Paul Gruyer et Louis Postif dans le *Journal des débats politiques et littéraires*, « La Peste écarlate », où une épidémie détruisait quasiment la civilisation humaine, la renvoyant à un état préhistorique[2]. Ce journal conservateur connaissait un tirage, à la veille de la Première Guerre mondiale, de 26 000 exemplaires[3]. Quant à *La Guerre des mondes*, avant d'être rééditée en 1906, 1917 et 1931 chez divers éditeurs, elle avait connu des publications en feuilleton dans les *Annales politiques et littéraires* ou dans *La Science illustrée*, preuve d'un succès manifeste. Le texte de London fut publié avec deux autres écrits aux éditions G. Crès et Cie en 1924. L'un et l'autre connurent de nombreuses recensions dans la presse de l'époque[4].

---

1   On renverra à WELLS Herbert George, *Une tentative d'autobiographie. Découvertes et conclusions d'un cerveau très ordinaire*, 1936, p. 129-133. On s'étonne d'une erreur de Wells, au sujet des microbes, dans *La Guerre des mondes*, voir BONNIER Gaston, « Qu'est-ce qu'un microbe », *Revue hebdomadaire*, T. IX, septembre 1912, p. 154.

2   Du n° 100, du jeudi 10 avril 1924, p. 5 au n° 115, du vendredi 25 avril 1924, p. 2.

3   Voir BELLANGER Claude *et alii* (dir.), *Histoire générale de la presse française, t. III : de 1871 à 1940*, 1972, p. 296, 351-352.

4   Pour Wells : *Le Journal*, n° 2685, 3 février 1900, p. 1 ; *La Petite République*, n° 8698, 6 février 1900, p. 2 ; *La Fronde*, n° 848, 5 avril 1900, p. 1 ; *Le Temps*, n° 14223, 18 mai 1900, p. 2 ; *Le Petit Journal*, n° 13857, 4 décembre 1900, p. 3 ; *L'Écho rochelais*, n° 53, 3 juillet 1901, p. 1 ; *Annales politiques et littéraires*, n° 966, 29 décembre 1901, p. 11. Pour London : *Le Petit Journal*, n° 22433, 17 juin 1924, p. 4 ; *L'Action*, n° 3230, 20 juin 1924, p. 1 ; *Le Temps*, n° 23005, 5 août 1924, p. 4 ; *Le Figaro, supplément littéraire*, n° 279, 9 août 1924, p. 2 ; *Le Journal des débats politiques et littéraires*, n° 235, 24 août 1924, p. 4 ; *L'Intransigeant*, n° 16090, 24 août 1924, p. 2 ; *La petite Gironde*, n° 19046, 31 août 1924, p. 4 ; *Le Quotidien*, n° 3263, 21 janvier 1932, p. 1.

Toutefois, il semble que les avantages de la méthode l'emportent sur les quelques inconvénients soulevés. Aussi, après les critères énoncés, avons-nous conservé 77 entrées (tableau n° 3) intégrant des micro-organismes pathogènes.

L'apparition des micro-organismes dans la littérature de merveilleux scientifique

En 1880, le motif des agents pathogènes n'intéresse pas encore la littérature de merveilleux scientifique. Rappelons qu'en cette année Eberth découvrait le bacille de la fièvre typhoïde et que Pasteur s'attaquait à la rage. Dans la capitale, en plein mois d'août, l'affaire dite des « odeurs de Paris » posait durablement la question de la vidange, source de propagation d'épidémies, et des solutions pérennes à apporter[1].

L'incubation lente des termes microbiens

Il faut attendre 1887 pour voir apparaître le mot « microbe » dans une nouvelle de Pierre Sales, certes dans un quotidien à fort tirage, mais encore fallait-il y prêter attention[2]. D'ailleurs, le mot « microbe » est préféré à celui de « bactérie », car il est jugé plus compréhensible par le public[3]. Il avait été adopté auparavant lors d'une séance de l'Académie des sciences par le chirurgien militaire Charles Sédillot pour sa signification générale[4]. Mieux encore, le microbe agresseur s'est vu personnifié. C'est un point qui a été souligné lors de la recension du livre de Marcel Berger, *Quarante de fièvre*[5]. Le perfectionnement du microscope contribua à mieux décrire et comprendre l'infiniment petit, à étudier la nature et le comportement des

---

1 Voir à ce sujet JACQUEMET Gérard, « Urbanisme parisien : la bataille du tout-à-l'égout à la fin du XIXᵉ siècle », *Revue d'histoire moderne et contemporaine*, T. XXVI, n° 4, 1979, p. 505-548.

2 SALES Pierre, « Les microbes pacificateurs », *Le Petit Journal. Supplément du dimanche*, n° 147, 3 avril 1887, p. 3.

3 Voir l'entrée « Bactérie », *in* AUGÉ Claude (dir.), *Nouveau Larousse illustré*, 1898, t. I, p. 657.

4 Notamment lors de la séance du lundi 11 mars 1878 : SÉDILLOT Charles, « De l'influence des découvertes de M. Pasteur sur les progrès de la chirurgie », *Comptes rendus des séances de l'Académie des sciences*, T. LXXXVI, n° 10, 1878, p. 634-640.

5 Recension par BAILLY Auguste dans *La Lumière, hebdomadaire d'éducation civique et d'action républicaine*, n° 6, 18 juin 1927 ; CRÉMIEUX Benjamin, « Les livres », *Annales politiques et littéraires*, n° 2291, 1ᵉʳ août 1927, p. 118.

cellules. En rendant visible ce qui ne l'était point, en grossissant ce qui est caché à l'œil nu, le microscope révélait le vivant.

À la même époque, le terme « bacille » se propage timidement, notamment dans un recueil d'Armand Silvestre[1]. Il faut attendre 1928 et Arnould Galopin avec le roman *Le Bacille*, rare titre explicite sur le sujet, pour voir des recensions dans la presse louer un livre émouvant, romançant les découvertes scientifiques[2]. Quant au mot « bactérie », Gaston de Pawlowski ne s'en emparait qu'en 1912, pour en faire de répugnants microbes échappés du Grand Laboratoire central[3].

Le vocable « virus » ne trouve grâce qu'aux yeux de Jean d'Agraives, dans un texte qui paraît d'abord en feuilleton en 1929 avant de sortir en livre[4]. Dans *Le Virus 34*, Floche et Darboy compromettent les projets du savant Jaziersky visant à détruire le blé par une arme bactériologique. Le nom même posait problème. *Le Grand dictionnaire universel* de Larousse semblait comme gêné pour le définir, y voyant « le principe actif de contagion » et le vecteur essentiel de la dégénérescence de la population. Pierre Larousse avait pris fait et cause pour Félix Pouchet, alors adversaire de Pasteur, et pour la « génération spontanée ». Le successeur de Larousse, Claude Augé, précisera, dans le *Nouveau Larousse illustré*, que le substantif signifie « poison » en latin et qu'il est « donné à toutes substances capables de produire la maladie infectieuse, l'infection ; agent d'infection dont le microbe est encore inconnu ». C'est dans le même sens qu'allait le professeur à la faculté de médecine de Lyon, Saturnin Arloing, qui suivait attentivement les travaux de Pasteur. Dans une étude sur les agents pathogènes, Arloing affirmait que le virus était un microbe envahisseur, l'organisme vivant devenant un terrain d'action favorable à sa germination[5]. On sait maintenant

1 SILVESTRE Armand, « Bacillomanie », *L'Effroi des bégueules*, 1891, p. 207-214. Le terme bacillomanie est repris au sujet de la découverte de microbes antédiluviens dans un petit texte humoristique se moquant de la science dans *Le Monde illustré*, n° 1923, 3 février 1894, p. 66.

2 *Paris-Soir*, n° 1630, 23 mars 1928, p. 1 ; *Le Journal*, n° 12945, 27 mars 1928, p. 2 ; *Le Quotidien*, n° 1886, 12 avril 1928, p. 4 ; *L'Intransigeant*, n° 17834, 17 août 1928, p. 2 ; *Courrier de Saône-et-Loire*, n° 28883, 26 juin 1928, p. 3.

3 DE PAWLOWSKI Gaston, « Bactéries géantes », in *Voyage au pays de la quatrième dimension*, 1912, p. 211-215.

4 AGRAIVES Jean d', « Le virus 34 », *L'Intransigeant*, du n° 18301, 28 novembre 1929, p. 4 au n° 18334, 31 décembre 1929, p. 8 puis aux Éditions cosmopolites, 1930 et chez Hachette, dans une version illustrée, en 1936.

5 ARLOING Saturnin, *Les Virus*, 1891, p. 14.

que le virus est une « entité biologique très différente par sa nature des bactéries »[6].

La faible diffusion des termes microbiens et des dérivés médicaux se traduit dans le corpus du merveilleux scientifique (tableau n° 4) alors que, dans le même temps, le nombre de publications médicales explose.

Tableau n° 4 : Nombre de titres comportant les mots (ou adjectifs) suivants, et leurs synonymes

	Mots				
Périodes	Microbe	Bactérie Tréponème	Bacille	Virus	Docteur Professeur Médecin Maître
1851-1880					
1881-1910	4	1	1		11
1911-1930	6	2	1	1	9
Total	**10**	**3**	**2**	**1**	**20**

	Mots		Total de livres
Périodes	Globule Cellule	Maladies (rougeole, peste syphilis, grippe)	Symptôme (fièvre, sommeil)	**Total de livres**
1851-1880				
1881-1910	1	2	2	**22**
1911-1930		3	2	**24**
Total	**1**	**5**	**4**	**46**

Source : Costes & Altairac, *Rétrofictions*, aux thèmes/sous-thèmes : Médecine/hygiène, santé publique ; Médecine/maladie inconnue ou cryptomaladie ; Microbe/monde des microbes ; Microbe/mutation des microbes ; Microbe, bacille, bactérie, virus ; Microbe ou virus/maladie ; Fin de l'humanité/maladie ; Guerre imaginaire/bactériologique ou chimique.

---

6   Voir l'entrée « virologie » par NOUVEL Pascal, *in* LECOURT Dominique (dir.), *Dictionnaire de la pensée médicale*, 2004, p. 1203-1207.

Les renseignements fournis par le *Catalogue général de la librairie française* nous donnent une idée assez précise de ce qui s'y publiait, comme sur les préoccupations de l'époque, notamment en matière de science médicale. Le *Catalogue*, porté par Otto Lorenz puis par Daniel Jordell et Henri Stein, embrassait tous les ouvrages publiés en France, y compris les ouvrages étrangers, selon un classement alphabétique d'auteur, chronologique et par mots-clés.

Tableau n° 5 : Évolution du nombre de livres intégrant du vocabulaire médical aux entrées suivantes

	Vocabulaire							
Périodes	Microbe	Bactérie	Bacille	Virus	Fermen-tation	Fièvre typhoïde	Pasteur	Syphilis
1881-1885	20	-	-	-	2	23	5	30
1886-1890	27	14	-	-	3	16	7	43
1891-1899	35	47	11	2	17	39	13	60
1900-1905	24	27	9	-	14	26	4	94
1906-1910	15	8	11	-	15	14	3	93
1881-1910	*121*	*96*	*31*	*2*	*51*	*118*	*32*	*320*
1910-1912	16	17	7	-	6	18	4	94
1913-1915	9	7	5	-	3	13	2	37
1916-1918	1	2	1	-	-	8	2	21
1919-1921	7	29	10	-	-	31	4	187
1922-1925	18	58	29	-	3	21	22	286
1911-1925	*51*	*113*	*52*	-	*12*	*91*	*34*	*625*
1881-1925	**172**	**209**	**83**	**2**	**63**	**209**	**66**	**945**

Sources : O. Lorenz *et alii*, *Catalogue général de la librairie française*, t. XI (1888), t. XIII (1896), t. XVI (1905), t. XX (1910), t. XXIII (1920), t. XXV (1916), t. XXVIII (1922-1924), t. XXIX (1927), t. XXXIII et XXXIV (1945) aux tables des matières des tranches chronologiques concernées.

La statistique des titres significatifs, ayant un rapport direct avec le monde des micro-organismes et des maladies (tableau n° 6), permet plusieurs remarques. D'une part, les études portant sur la carrière de Pasteur ne faiblissent pas après sa mort, en 1895, ni avec celle « autorisée » de René Vallery-Radot, *Pasteur* (1905), gendre du savant de la rue d'Ulm. Les contemporains ont été sensibles à l'homme de la révolution pastorienne et lui ont rendu un hommage en se livrant à des études biographiques. Charles

Richet lui-même avait loué Pasteur et sa contribution à la science dans un opuscule poétique rappelant que les germes pathogènes, invisibles à l'œil nu, étaient omniprésents[1]. D'autre part, on note le nombre croissant de travaux touchant à la syphilis vénérienne. Contractée dans les milieux de la prostitution, de l'armée, de la marine, du libertinage, elle est l'une des principales causes de mortalité du XIXᵉ et du XXᵉ siècles. Provoquée par la bactérie *Treponema pallidum*, la syphilis sévit dans les grandes concentrations urbaines. Elle a été abondamment dépeinte dans la littérature fin-de-siècle et par l'école naturaliste dans une fascination morbide pour l'altération du corps (les « avariés ») et le fantasme de la dégénérescence[2]. Enfin, on constate une augmentation des travaux autour de la bactériologie se traduisant par la visibilité des mots « bactérie » et « bacille », plus précis que « microbe » du fait même des débats, dès les années 1900, sur la virulence variable et l'immunologie innée ou acquise, ainsi que la découverte d'espèces pathogènes parasitaires dans le corps humain, mais ne générant aucune maladie.

Contrairement à ce qu'on lit d'ordinaire à partir d'une approche non quantitative, la littérature de merveilleux scientifique fait une place somme toute minime au thème microbien. La « fictionnalisation » des agents pathogènes, si on la compare à la production médicale pour les années 1880-1930, ne semble pas profiter de l'actualité pour attirer le lecteur avec un motif neuf. Il est frappant de constater la disproportion numérique des tableaux n° 4 et n° 5 quant au vocabulaire épidémiologique. On assiste bien à un décalage entre le champ de production médicale et sa réception par les acteurs du merveilleux scientifique. Tout se passe comme si la masse de productions livresques parfois techniques sur la bactériologie, le nombre de revues hygiénistes ou médicales, les articles sur les microbes ou les guérisons miraculeuses dans la presse quotidienne, les publicités pour les divers désinfectants, les Congrès sur l'hygiène, la place faite à la science médicale lors des Expositions universelles parisiennes, n'avaient suscité qu'une curiosité restreinte. Tout comme d'ailleurs les spectacles autour de ces « petits invisibles »[3]. Pourquoi aussi peu de titres explicites venant des romanciers du merveilleux scientifique ? Faut-il alors chercher du côté des attentes du lectorat ?

---

1   RICHET Charles, *La Gloire de Pasteur*, 1914.

2   CABANÈS Jean-Louis, « Invention(s) de la syphilis », *Romantisme*, n° 94, 1996, p. 89-109.

3   Voir l'article en ligne de HOPKINS Fleur, « Le spectacle des Invisibles (le merveilleux scientifique)», *ActuSF* [en ligne], avril 2018.

Les limites de la « fictionnalisation » des agents pathogènes

La recension d'une littérature d'anticipation sur le microbe, dans sa variété de documents, traduit une présence, à la fois continue et nouvelle, émergeant avec les enjeux et le développement de la « révolution pastorienne ». Sur les 77 titres retenus (tableau n° 3), on dénombre un fort pourcentage de courts récits paraissant en revue ou dans la presse quotidienne (54%) contre moins de 29% sous forme de livre (roman, recueil) et 14% sous une forme illustrée.

Ce n'est pas un hasard si le quotidien et la revue accaparent plus de la moitié des publications. Cette « civilisation du journal », comme les historiens du livre l'ont nommée, a été le support principal des publications littéraires du XIXe siècle. Sachant que le paramètre économique est primordial à retenir, les journaux du quotidien, dont le prix de vente oscillait entre 5 et 15 centimes le numéro, en proposant des romans-feuilletons au rez-de-chaussée de la page ou des nouvelles régulières, tendaient à satisfaire un lectorat de plus en plus alphabétisé. Quant aux revues, la recherche historique a montré l'inflation spectaculaire du nombre de nouveaux périodiques créés à la fin du XIXe siècle pour contribuer à conforter « l'espace public républicain »[1]. Les grandes revues généralistes, telle la *Revue universelle*, qui publie *Le Napus* de Daudet et *Un homme chez les microbes* de Renard, n'hésitent plus à solliciter des noms célèbres pour être attractives.

La Chasse aux Microbes.

Image : « La Chasse aux microbes », collection En l'an 2000 de l'éditeur-imprimeur Vuillemard ; source BNF : https://c.bnf.fr/JqV

Plus surprenante est sans doute la part, en pourcentage, du récit en image ou du dessin humoristique, lui-même. Elle indique la place qu'occupe

---

1   D'après Thomas Loué, il peut s'en créer plus de 800 par an dans les années 1870-1880. Voir LOUÉ Thomas, « La revue », *in* KALIFA Dominique *et alii* (dir.), *La Civilisation du journal. Histoire culturelle de la presse française au XIXe siècle*, 2011, p. 333-357.

l'image dessinée dans la presse. Le caractère synthétique et expressif de l'image, compréhensible par tous, en fait un puissant vecteur des représentations de l'époque. Les dessins d'Henriot, de Tybalt, de Tiret-Bognet dans la presse populaire dramatisent, ridiculisent ou exagèrent la réalité, s'amusent du monde microbien et scientifique. Ainsi, l'illustrateur Jean-Marc Côté avait conçu une série de vignettes-chromos qui dépeignaient le monde en l'an 2000. L'une d'elles représentait le laboratoire du savant, avec son microscope, dans sa lutte contre des êtres vivants se tortillant[1]. Ces images à collectionner, destinées aux plus jeunes, étaient distribuées gratuitement par des marques commerciales fort connues dans les grands magasins. Le marché du roman était donc fortement concurrencé par l'intensification de ces types d'imprimés, journaux et périodiques.

Un autre point mérite d'être souligné. On a vu quelle difficulté avait eu la bactériologie balbutiante à qualifier précisément les agents pathogènes et ce, encore au début des années 1910[2]. La médiatisation des découvertes et débats pastoriens, les faits divers et articles de presse vulgarisant un savoir sur les germes nocifs, ont pu donner naissance à la transposition, dans les romans, les hebdomadaires ou les quotidiens, d'idées sans que les écrivains de merveilleux scientifique saisissent pleinement la complexité du motif bactérien-microbien. Les premiers à en faire mention, tels Allais (« L'antifiltre du captain Cap »), Sales (« Les microbes pacificateurs »), Silvestre (« Bacillomanie »), traitent le motif d'une manière légère ou anthropomorphisée (Isly, *Le docteur Microbus*) alors que Bruyère (« La peste rouge ») et Epheyre (« Le microbe du professeur Bakermann ») l'inscrivent dans une perspective de défiance vis-à-vis de la science. Du fait même de leur incompétence dans le domaine médical, la plupart a brodé autour des conjonctures épidémiologiques, de l'infiniment petit, du rajeunissement du corps, de l'immortalité et autour du monde médical. C'est le cas de M. Renard qui, dans *Un homme chez les microbes*, expédie en une ligne la description du laboratoire du docteur Pons et fait du protagoniste principal un Micromégas en miniature[3]. Il en va de même pour le roman d'aventure maritime de J. d'Agraives (*Le Virus 34*) où le péril infectieux n'est que prétexte. On assisterait donc à la mise en place d'une « discordance des temps »[4], selon une formule de Christophe Charle, entre les discours de la

---

1 Sans doute faut-il y voir une allusion à une vignette de Robida où Philox Lorris montre au député des Marettes des ferments pathogènes, dans ROBIDA Albert, *La Vie électrique*, 1892, p. 180.

2 BONNIER Gaston, *op. cit.*, p. 145-168.

3 RENARD Maurice, *Un homme chez les microbes*, 1928, p. 21, 121 sq.

4 Voir CHARLE Christophe, *La Dérégulation culturelle. Essai d'histoire des cultures en Europe au XIXe siècle*, 2015, p. 681-682, qui propose une transformation culturelle du roman policier.

science bactériologique, les écrivains et le lectorat. Cette accélération des découvertes scientifiques, la spécialisation des disciplines, introduirait un discours de la modernité dont les écrivains de merveilleux scientifique ne se seraient que très partiellement appropriés.

Cela pourrait expliquer pourquoi la très grande majorité des romanciers jouant avec ce motif se sont émancipés des conventions scientifico-médicales. Quant aux autres (Berger, Boigey, Bruyère, Couvreur, Daudet, Nass, Epheyre, Wells), peu nombreux il est vrai, possédant une formation en médecine, en biologie ou, à tout le moins, scientifique, ils ont pu donner une assise plus crédible à leur fiction. Le parcours d'Arnould Galopin est à cet égard intéressant. Fils du docteur en physiologie Augustin Galopin (1836-1899), ce journaliste fournit, dans *Le Bacille*, une quantité d'indices (fiole d'Erlenmayer, autoclave Chamberland, bacille de Danysz, théorie de Dujardin-Beaumetz, etc.) indiquant un accès à des informations de qualité[1].

Faut-il penser que les romanciers du merveilleux scientifique marquent une indifférence polie face au risque contagieux ? L'attitude devant le motif microbien a-t-elle été jugée trop banale ? Comment captiver le lecteur avec un sujet bacillaire, alors que, dans le même temps, tout un chacun pouvait tomber malade et passer de vie à trépas ? Ce phénomène psychologique a été analysé plus globalement par Murard et Zylberman. La réaction populaire devant les fléaux microbiens a été de surestimer « des calamités rares » et de minimiser les « périls communs »[2]. Plutôt que d'y voir un affrontement dogmatique entre pro- et anti-hygiène, les deux chercheurs penchent pour une gamme de comportements rationnels, mêlant une forme d'insouciance, d'idées fausses et de crainte devant l'univers microbien et les mesures prophylactiques à prendre. Le discours relativiste des pastoriens et des hygiénistes se serait heurté frontalement aux croyances et conduites personnelles face aux dangers infectieux. Des mécanismes symboliques et un tabou inhibiteur du langage viendraient contrecarrer la propagande hygiéniste.

Pour conjurer le mal, en ne nommant quasiment jamais les agents pathogènes, en laissant libre cours à la poésie des mots, la littérature de merveilleux scientifique remplit pleinement son rôle. Aussi, des titres comme *Les Chiens de Dieu* (Artus), *Les Anthropostéolithes* (Audubert-Boussat), la novélisation anonyme du *Masque aux dents blanches* ou *Fils de morne*

---

1   Il n'est pas évident qu'il ait puisé dans la bibliothèque paternelle au vu de ses relations difficiles avec son père. Néanmoins, en tant que journaliste, il portait un certain intérêt aux maladies infectieuses. Voir CHEVALIER Pierre, *Arnould Galopin. Hommes de lettres – romancier populaire (1863-1934)*, 2013, p. 30.

2   Voir MURARD Lion et ZYLBERMAN Patrick, *op. cit.*, p. 411-416.

(Michaux) moins significatifs, trouvent-ils un compromis acceptable grâce à une scénarisation du monde microbien, tout en jouant le mystère littéraire. Ils s'opposent à des récits comme *L'offensive des microbes* (Motus), *Le Bacille* (Galopin), *Le Virus 34* (d'Agraives) et ceux du registre de la métaphore, tel *Quarante de fièvre* (Berger), ou du symbole (*Le maître des trois vies* de Sintair & Steeman), ce qui n'est pas sans incidence sur le mode de représentation.

Conclusion

Pour conclure, la « révolution pastorienne » a imposé un nouveau regard sur le monde des microbes qu'il est désormais possible de combattre plus efficacement par la vaccination et une meilleure hygiène. J.-H. Rosny aîné, d'ailleurs, s'en félicitait[1]. Cette nouvelle vision d'un monde invisible, révélée par les progrès de la science médicale (microscope), a néanmoins introduit une forme d'angoisse chez les contemporains et, ce n'est pas un fait-divers régional sordide, par ailleurs isolé, qui fut de nature à apaiser les esprits. On pouvait lire l'intitulé suivant dans un journal : « Comme dans les romans scientifiques. Un savant fou bombarde de microbes les passants »[2]. Cette anxiété s'est traduite, dans la littérature de merveilleux scientifique, par des récits scénarisant le motif microbien. Dans un contexte de lente décrue de la mortalité due aux maladies contagieuses, il convient donc de nuancer l'importance donnée instinctivement à ce motif au sein même de la littérature de merveilleux scientifique. Le chiffrage, pour les années 1880-1930, nous renseigne sur la faiblesse de cette représentation. L'apparition tardive des termes microbiens en témoigne. L'appropriation de l'imaginaire des micro-organismes a été freinée, il nous semble, par des promesses de traitements scientifiques qu'un horizon d'attente faisait reculer toujours plus.

Bibliographie

AGRAIVES Jean d', « Le virus 34 », *L'Intransigeant*, du n° 18301, 28 novembre 1929, au n° 18334, 31 décembre 1929.

ALLAIS Alphonse, « L'Antifiltre du captain Cap », *Le Journal*, n° 459, 30 décembre 1893, p. 2.

[ANONYME], « Comme dans les romans scientifiques. Un savant fou bombarde de microbes les passants », *La Dépêche*, n° 20039, 6 septembre 1923, p. 2.

Annuaire statistique, Paris : Imprimerie nationale, 1991 à 1941.

---

1   ROSNY AÎNÉ Joseph-Henri, « Les microbes se font la guerre entre eux », *Le Petit Journal*, n° 22725, 5 avril 1925, p. 1.

2   Un chimiste, frappé d'aliénation mentale, avait terrorisé la population : *La Dépêche*, n° 20039, 6 septembre 1923, p. 2.

ARLOING Saturnin, *Les Virus*, Paris : Félix Alcan, 1891.

ARMENGAUD André, *La Population française au XIXe siècle*, Paris : PUF, 1971.

BELLANGER Claude, GODECHOT Jacques, GUIRAL Pierre et TERROU Fernand (dir.), *Histoire générale de la presse française, t. III : de 1871 à 1940*, Paris : PUF, 1972.

BONNIER Gaston, « Qu'est-ce qu'un microbe », *Revue hebdomadaire*, T. IX, septembre 1912, p. 145-168.

BORDEAUX Henry, « Le Symbolisme et Villiers de l'Isle-Adam », *L'Écho de Paris*, n° 20701, 21 juin 1936.

BRUYÈRE Jean, « La peste rouge », *La Science illustrée*, t. XXI, n° 530, 22 janvier 1898, p. 125-126 ; n° 531, 29 janvier 1898, p. 142-143 ; n° 532, 5 février 1898, p. 156-158.

CABANÈS Jean-Louis, « Invention(s) de la syphilis », *Romantisme*, n° 94, 1996, p. 89-109.

Catalogue général de la librairie française, Lorenz Otto (période 1840-1855), continuation par Jordell Daniel (période 1856-1918), puis par Stein Henri (période 1920-1925), Paris.

CAVÉ Isabelle, *État, santé publique et médecine à la fin du XIXe siècle français*, Paris : L'Harmattan, 2016.

CHARLE Christophe, *La Dérégulation culturelle. Essai d'histoire des cultures en Europe au XIXe siècle*, Paris : PUF, 2015.

CHEVALIER Pierre, *Arnould Galopin. Hommes de lettres – romancier populaire (1863-1934)*, PGC éditions, 2013.

COSTES Guy et ALTAIRAC Joseph (avec la collaboration de Ph. Ethuin et Ph. Mura), *Rétrofictions. Encyclopédie de la conjecture romanesque rationnelle francophone, de Rabelais à Barjavel (1532-1951)*, 2 vol., Paris : Les Belles Lettres – Encrage, 2018.

DARMON Pierre, *L'Homme et les microbes. XVIIe – XXe siècle*, Paris : Fayard, 1999.

DELTEIL Joseph, *Les Cinq sens*, Paris : B. Grasset, 1929.

DUPÂQUIER Jacques, *Histoire de la population française, t. III : de 1789 à 1914* [1988], Paris : PUF, 1995.

EPHEYRE Charles, « Le microbe du professeur Bakermann. Récit des temps futurs », *Revue politique et littéraire/Revue bleue*, T. XLV, n° 4, 25 janvier 1890, p. 101-109.

GROSCLAUDE Étienne, « Une maladie intéressante – M. le docteur Pasteur et le microbe – Le bacille homme », *Les Gaîtés de l'année*, Paris : A. Laurent, 1886, p. 19-32.

HAMON Philippe et VIBOUD Alexandrine, *Dictionnaire thématique du roman de mœurs en France (1814-1914)*, 2 vol., Paris : Presses Sorbonne nouvelle, 2008.

HERSCH Lucien, « L'Inégalité devant la mort, d'après les statistiques de la ville de Paris », *Revue d'économie politique*, T. XXXIV, n° 3 (mai-juin), 1920, p. 273-302 et n° 4 (juillet-août), 1920, p. 447-466.

JACQUEMET Gérard, « Urbanisme parisien : la bataille du tout-à-l'égout à la fin du XIXe siècle », *Revue d'histoire moderne et contemporaine*, t. XXVI, n° 4, 1979, p. 505-548.

JANICOT Jules, « Inauguration de l'Institut Pasteur », *Le Figaro*, n° 320, 3e série, 15 novembre 1888.

JORLAND Gérard, *Une société à soigner. Hygiène et salubrité publiques en France au XIXe siècle*, Paris : Gallimard, 2010.

LATOUR Bruno, *Les Microbes, guerre et paix*, suivi de *Irréductions*, Paris : Editions A.M. Métailié, 1984.

LECOURT Dominique (dir.), *Dictionnaire de la pensée médicale*, Paris : PUF, 2004.

LOUÉ Thomas, « La revue », *in* KALIFA Dominique, RÉGNIER Philippe, THÉRENTY Marie-Ève et VAILLANT Alain (dir.), *La Civilisation du journal. Histoire culturelle de la presse française au XIXe siècle*, Paris : Nouveau monde éditions, 2011, p. 333-357.

MURARD Lion et ZYLBERMAN Patrick, *L'Hygiène dans la République. La santé publique en France ou l'utopie contrariée (1870-1918)*, Paris : Fayard, 1996.

PALEWSKA Marie, « Le canon et la plume. Paul d'Ivoi et la guerre », *Le Rocambole*, n° 66, 2014, p. 117-128.

PAWLOWSKI Gaston de, « Bactéries géantes », *in Voyage au pays de la quatrième dimension*, Paris : Bibliothèque-Charpentier, E. Fasquelle éditeur, 1912.

RENARD Maurice, *Un homme chez les microbes. Scherzo*, Paris : G. Crès et Cie, 1928.

RICHET Charles, « Dans cent ans », *Revue scientifique*, T. XLVIII, n° 24, 12 décembre 1891, p. 737-747 et n° 25, 19 décembre 1891, p. 779-785 ; T. XLIX, n° 5, 30 janvier 1892, p. 135-144 et n° 11, 12 mars 1892, p. 321-332.

RICHET Charles, « En l'an 1992 », *Les Annales politiques et littéraires*, n° 426, 20 mars 1892, p. 184.

RICHET Charles, *Dans cent ans*, Paris : P. Ollendorff éditeur, 1892.

RICHET Charles, *La Gloire de Pasteur*, Paris : Académie de sciences, 1914.

ROBIDA Albert, *La Vie électrique*, Paris : Librairie illustrée, 1892.

ROSNY AÎNÉ Joseph-Henri, « Les microbes se font la guerre entre eux », *Le Petit Journal*, n° 22725, 5 avril 1925.

SALES Pierre, « Les microbes pacificateurs », *Le Petit Journal. Supplément du dimanche*, n° 147, 3 avril 1887.

SÉDILLOT Charles, « De l'influence des découvertes de M. Pasteur sur les progrès de la chirurgie », *Comptes rendus des séances de l'Académie des sciences*, T. LXXXVI, n° 10, (séance du lundi 11 mars), 1878, p. 634-640.

SEILLAN Jean-Marie, « Charles Richet : la science tentée par l'écriture littéraire », *in* VAN WIJLAND Jérôme (dir.), *Charles Richet (1850-1935). L'exercice de la curiosité*, Rennes : Presses universitaires de Rennes, 2015, p. 113-129.

SILVESTRE Armand, « Laripète-Pasteur », *in Au pays du rire*, Paris : Librairie illustrée, 1888.

SILVESTRE Armand, « Bacillomanie », in *L'Effroi des bégueules*, Paris : Ernest Kolb éditeur, 1891.

VOLLARD Ambroise, *La Politique coloniale du père Ubu*, Paris : G. Crès & Cie, 1919.

WELLS Herbert George, *Une tentative d'autobiographie. Découvertes et conclusions d'un cerveau très ordinaire*, trad. Antonina Vallentin, Paris : Gallimard, 1936.

WINOCK Michel, *La Belle Époque. La France de 1900 à 1914*, Paris : Perrin, 2002.

U4 ou la pandémie dans les fictions pour la jeunesse

Nadège Langbour

Docteur es Lettres modernes
Membre associé du C.E.R.E.d.I. – Université de Rouen
Membre associé du Labo 3L.AM (Univ. du Mans)

Depuis l'Antiquité la littérature n'a de cesse d'investir le motif de la pandémie. Qu'on pense à la peste qui frappe les Achéens dans le premier livre de *L'Iliade* ou à celle qui décime la population d'Oran dans le roman de Camus ; qu'on pense à l'épidémie de choléra que doivent affronter les protagonistes du *Hussard sur le toit* de Giono ou à celle de la peste blanche créée en laboratoire par John Roe O'Neill pour décimer la population féminine et entraîner l'extinction de l'espèce humaine[1]. Chacune à leur manière, ces fictions interrogent les valeurs morales, sociales et humaines des sociétés qui les voient naitre. Elles invitent ainsi le lecteur à poser un regard critique sur le monde dans lequel il évolue, sur la façon dont il participe lui-même à son fonctionnement ou à son dysfonctionnement, sur ses rapports avec les autres. La portée allégorique et philosophique de ces fictions explique qu'elles soient de prime abord destinées à un lectorat adulte, même si le jeune lecteur peut également se les approprier. En revanche, on remarque que la littérature de jeunesse, spécifiquement destinée à un jeune lectorat, peine à investir le motif de la pandémie. Ce silence peut interpeler, surtout en période de crise pandémique où les médias n'ont de cesse de souligner le relâchement de la vigilance chez les adolescents et les jeunes adultes peu sensibles aux « gestes barrières » et aux précautions à prendre pour éviter la propagation du Covid-19. Cela témoigne-t-il d'une fracture générationnelle ? L'invisibilité de l'agent pathogène à l'origine de toute pandémie ne peut-il véritablement être appréhendée que par les adultes ? Peut-on produire un discours sur la

---

1 HERBERT Frank, *The White Plague*, 1982.

pandémie à destination des jeunes qui soit audible et crédible ? Peut-on écrire des fictions sur des pandémies à destination des jeunes lecteurs ?

En 2015, quatre écrivains français s'essaient à l'exercice. Après s'être rencontrés à un salon du livre en 2013, Carole Trébor, Florence Hinckel, Yves Grevet et Vincent Villeminot se lancent dans l'aventure *U4*[1]. Chacun raconte le périple d'un adolescent (Jules, Yannis, Koridwen, Stéphane) dans un monde postapocalyptique ravagé par le virus U4 : « d'une virulence foudroyante, il tue quasiment sans exception, en quarante heures, ceux qu'il infecte : état fébrile, migraines, asthénie, paralysies, suivies d'hémorragies brutales, toujours mortelles[2] ». Seuls les adolescents entre quinze et dix-huit ans semblent miraculeusement épargnés par ce virus qui a décimé 90% de la population mondiale. Ces quatre romans, complétés un an plus tard par un recueil de nouvelles, invitent alors le jeune lecteur à se confronter à ce motif de la pandémie qui est cette fois spécifiquement traité en prenant en compte sa sensibilité et ses attentes, ce qui permet aux romanciers, auteurs chevronnés de littérature de jeunesse, d'expérimenter de nouvelles façons d'écrire des fictions pandémiques.

La pandémie comme variation autour des motifs postapocalyptiques plébiscités par les adolescents

L'intermodalité avec l'imaginaire artistique de la pandémie

L'engouement des adolescents pour les univers dystopiques et postapocalyptiques est un fait avéré et les fictions à leur intention n'ont de cesse de les décliner sous la forme de films, de séries, de jeux vidéo, de mangas ou de romans. Le motif de la pandémie s'inscrit dans cette veine fictionnelle. Si la littérature pour la jeunesse s'empare peu de ce motif (ce qui rend l'analyse des romans *U4* d'autant plus intéressante), il n'en est pas de même des séries et du cinéma qui développent une pléthore de récits autour de ce motif, de *The Walking Dead* à *World War Z* de Marc Forster en passant par *Je suis une légende* de Francis Lawrence ou *Vingt-huit jours plus tard* de Danny Boyle, pour ne citer que des œuvres récentes dont certaines sont évoquées dans *U4*. Les jeux vidéo ne sont pas en reste : si *Resident Evil* ne fait plus vraiment partie des univers virtuels dans lesquels se plongent les adolescents d'aujourd'hui, d'autres jeux ont pris le relai

---

1   Voir LIRE EN LIVE,« *U4* – La naissance d'un projet », *Youtube* [en ligne], 28 septembre 2015
2   TRÉBOR Carole, *U4 – Jules*, 2015, p. 7.

comme *Plague Inc* et *Pandemic*, deux applications pour Smartphone et consoles, créées respectivement en 2012 et 2013, qui invitent à lutter contre une pandémie mondiale. Les quatre romanciers d'*U4* ont pris en compte cet univers référentiel des jeunes lecteurs afin de développer une sorte de *captatio benevolentiae* intermodale qui permet d'accrocher le lectorat. Outre la référence à *World War Z* dans la nouvelle « Lena – le bunker » de Florence Hinckel[1] et celle au *Joueur de flûte de Hamelin* dans *U4 – Stéphane* de Vincent Villeminot dont l'héroïne propose une lecture herméneutique en postulant que « le conte de Grimm témoigne d'une très ancienne épidémie infantile[2] », l'univers des jeux vidéo est omniprésent dans *U4*. Avant la pandémie, les quatre héros étaient des « experts » de *Warriors of Time – WOT*, un jeu en ligne les invitant à accomplir des missions à différentes époques de l'histoire. C'est grâce à ce jeu que les adolescents donnent un sens à la crise épidémique qu'ils vivent et c'est grâce à lui qu'ils se rencontrent. Tous répondent en effet au dernier appel du maître du jeu, Khronos, qui lance ce message avant l'extinction complète des réseaux de communication :

> Ceci est sans doute mon dernier message. Les connexions s'éteignent peu à peu dans le monde entier. Gardez espoir. Nous sommes toujours les Guerriers du temps. Je connais le moyen de remonter le temps. Je l'ai toujours connu. Mais seul, je ne peux rien faire. Rejoignez-moi. Ensemble, nous pourrons éviter la catastrophe en réécrivant le passé. Croyez en moi, croyez en vous, et nous gagnerons contre notre ennemi le plus puissant : le virus. Rendez-vous le 24 décembre à minuit sous la plus vieille horloge de Paris[3].

Affirmant que la réalité est aussi modulable que la réalité virtuelle de *WOT*, le bien nommé Khronos, qui emprunte son pseudo au dieu grec du temps, propose aux joueurs une solution pour éradiquer le virus avant même qu'il ne décime l'humanité. Ainsi, dans les romans *U4*, les motifs de la pandémie et du jeu vidéo s'entremêlent.

Pour autant, les quatre romanciers ne se contentent pas de cette intermodalité avec l'univers référentiel du lecteur cible. Développer des fictions pandémiques les incite à faire écho à ce qu'Aurélie Palud appelle la « bibliothèque de l'épidémie[4] ». Loin de se cantonner aux textes – documentaires ou fictionnels – narrant des épidémies, cette bibliothèque englobe le souvenir des crises qui ont marqué l'humanité et ont nourri son imaginaire. Dans la nouvelle intitulée « Le Président de la République

---

1 HINCKEL Florence, « Lena, Le bunker », in *U4 – Contagion*, 2016, p. 60.
2 VILLEMINOT Vincent, *U4 – Stéphane*, 2019, p. 330.
3 TRÉBOR Carole, *U4 – Jules, op. cit.*, p. 8-9.
4 PALUD Aurélie, *La contagion des imaginaires : lectures camusiennes du récit d'épidémie contemporain*, thèse en littératures comparées, Université de Rennes 2, 2014, p. 16.

française – Le discours », Yves Grevet se réfère ainsi à la grippe espagnole[1] ; Vincent Villeminot évoque, lui, les épidémies d'Ébola qui frappèrent la Guinée puis l'Afrique de l'Ouest en 2013[2] ; quant à Florence Hinckel, elle fait référence à la peste bubonique par le biais du masque imaginé par Charles Delorme en 1619 pour prémunir les médecins de la maladie. Une des personnes venant en aide à son héros, Yannis, en porte justement un pour se protéger :

> De retour dans le séjour, l'inconnu enlève son bec, qui était soutenu par un élastique autour de sa tête et le retourne. Des herbes et des fleurs séchées en tombent. L'odeur du jasmin s'élève, entêtante. Je comprends d'un coup : il s'agit d'un bec bubonique, semblable à ceux que portaient les médecins pendant la grande peste de Marseille, en 1720. J'ai vu ça en cours d'histoire. Ils le remplissaient d'herbes censées les prévenir des infections[3].

Ces références aux grandes épidémies ont peu de chance de faire sens pour le jeune lecteur même si, comme Yannis, il les a certainement étudiées en cours d'histoire. Il en est de même du clin d'œil aux « gravures de Georges Rouault[4] » que propose Vincent Villeminot dans *U4 – Stéphane*. Bien qu'elles évoquent les horreurs de la Première Guerre mondiale, certaines gravures ne sont pas sans rappeler l'esthétique graphique des danses macabres, en vogue dès le Moyen Âge pour exorciser les peurs liées aux épidémies. Il suffit, pour s'en convaincre, de regarder *This Will Be the Last Time, Father* (1927) où l'on voit un enfant embrasser son père tandis qu'un squelette représentant la mort s'avance vers eux. Ces références, obscures ou vagues pour la majeure partie du jeune lectorat, font signe au lectorat adulte qui lit lui aussi la littérature de jeunesse, ne serait-ce qu'en tant que prescripteurs (rôle assuré par les bibliothécaires, les libraires, les enseignants).

Un traitement singulier du discours médical

Ce double lectorat d'*U4* conduit les auteurs à développer des fictions sur la pandémie qui reprennent à la fois des invariants du genre (description médicale des symptômes, quête d'un remède, dérives comportementales des individus et du pouvoir…) tout en les mettant à la portée du jeune lecteur.

---

1 GREVET Yves, « Le Président de la République française – Le discours », in *U4 – Contagion*, op. cit., p. 79.
2 VILLEMINOT Vincent, *U4 – Stéphane*, op. cit., p. 20.
3 HINCKEL Florence, *U4 – Yannis*, 2019, p. 213.
4 VILLEMINOT Vincent, *U4 – Stéphane*, op. cit., p. 346.

Par là même, le discours scientifique, sans être évacué, en reste à ses balbutiements. Ce qui peut paraître paradoxal dans des fictions articulées autour du motif de la pandémie trouve son explication dans la diégèse : seuls les adolescents entre quinze et dix-huit ans ont survécu. Certes, il existe bien des substituts de médecins et de chercheurs dans les romans *U4* : Koridwen, l'héroïne d'Yves Grevet, utilise les remèdes de sa grand-mère qui était guérisseuse et un peu sorcière ; Maïa, « l'Apothicaire » de la communauté qu'intègre Jules, le héros de Carole Trébor, peut soigner ses camarades grâce aux connaissances acquises avec sa mère qui était pharmacienne ; Stéphane, le personnage éponyme de Vincent Villeminot, est la fille du docteur Philippe Certaldo, un éminent épidémiologiste qui a été évacué et travaille d'ailleurs avec l'armée. Certes, il y a aussi des étudiants en première année de médecine dans *U4 – Stéphane* et dans « Charles, Idun, Marco Émilie – Lignes de front[1] » de Vincent Villeminot. Mais tous ces adolescents n'ont pas les connaissances ni l'expérience nécessaires pour comprendre le virus ou trouver un remède, d'autant qu'ils n'ont aucun contact avec les quelques adultes qui ont survécu et qui font des recherches de leur côté. Ils en sont réduits à émettre des hypothèses, non sur l'origine du virus ou sur une éventuelle solution pour freiner sa propagation, mais sur les raisons qui expliqueraient l'immunité des adolescents :

> D'après ce que nous savons, seuls deux événements ne concernent que les quinze/dix-huit ans, deux vaccins précisément. Le vaccin contre les méningocoques A et C, produit par la société Baher sous le nom de Prio8, est administré depuis quatre ans à tous les adolescents de quinze ans. Ça colle à peu près à l'âge des survivants. Seconde piste, le MeninB-Par, vaccin contre les méningocoques B, produit par la société Sifano, a été systématiquement administré aux enfants à l'âge de onze ans, pendant trois années environ. Il a été placé depuis sur la liste des médicaments à risques par l'Agence européenne du médicament, en raison d'effets secondaires indésirables. On ne l'utilise plus qu'en cas de méningite déclarée... Mais les enfants vaccinés à cette époque ont maintenant entre quinze et dix-huit ans[2].

En dépit de ces découvertes médicales, les adolescents (personnages comme lecteurs) n'ont aucune certitude sur le virus :

> Nous ignorons toujours si la molécule de l'un des deux vaccins immunise les personnes qui l'ont reçu contre le virus, ou si elle bloque simplement le développement de la maladie : impossible de savoir si nous sommes définitivement épargnés ou porteurs sains. Peut-être avons-nous, nous aussi

1   VILLEMINOT Vincent, « Charles, Idun, Marco, Émilie... – Lignes de front », in *U4 – Contagion*, *op. cit.*, p. 32-33.
2   VILLEMINOT Vincent, *U4 – Stéphane*, *op. cit.*, p. 83-84.

répandu la maladie ? Peut-être mes camarades portaient-ils en eux les causes de la mort de leurs proches[1] ?

Le discours médical, *topos* de tout récit sur une crise pandémique, est donc traité non pas sur le mode du savoir, mais sur celui du non-savoir, permettant de souligner les limites de la science. Le remède à l'épidémie auquel croient les experts de *WOT* ne relève d'ailleurs pas de la science, mais de la science-fiction : ils espèrent pouvoir remonter le temps pour endiguer l'épidémie avant qu'elle ne se propage. Mais quand Koridwen y parvient, elle se retrouve dans une impasse précisément parce que les adultes qui font autorité dans le domaine médical ne croient pas cette Cassandre postmoderne : « je ne crois pas à une fin du monde imminente causée par un virus[2] », déclare le docteur Hamel avant de conseiller à l'héroïne d'envisager un traitement pour troubles psychologiques. Ainsi le discours scientifique, qui ne peut être tenu que par des experts, c'est-à-dire par des adultes ayant la formation et le langage techniques nécessaires, n'est-il traité qu'en filigrane dans les romans du fait de l'incrédulité puis de la désertion des adultes. Adopter le point de vue des adolescents dans des fictions sur une pandémie limite donc le champ d'action des auteurs dans le domaine du discours scientifique s'ils veulent rester crédibles. En revanche, cela leur offre une latitude beaucoup plus grande pour interroger le rapport avec l'autorité, car celle-ci est incarnée par des adultes. Les interrogations et les remises en question des modalités de gestion de la crise épidémique par les figures du pouvoir se cristallisent alors en grande partie autour des fractures générationnelles qui opposent traditionnellement les adolescents et les adultes.

Le rapport à l'autorité : crise épidémique et crise d'adolescence

En n'épargnant que les quinze-dix-huit ans, le virus U4 concrétise les tensions générationnelles qui minent généralement les rapports entre les adolescents et leurs aînés. En effet, tout adolescent tend à revendiquer son indépendance par rapport aux adultes sans pour autant pouvoir matérialiser cette aspiration. Face à ce comportement dont la gestion et le sens leur échappent, les adultes se sentent souvent démunis. Dans le cadre de la crise pandémique imaginée par les romanciers d'*U4*, ces tensions s'exacerbent. Les quelques adultes qui ont survécu et qui sont « confiné[s] dans les différents centres secrets de l'Hexagone[3] » sont des figures d'autorité : le Président de la République, l'armée, des chercheurs. En tant que tels, ils sont investis du rôle de gestionnaire de crise et doivent organiser les aides pour

---

1 *Ibid.*, p. 94.
2 GREVET Yves, « Koridwen – La suite », in *U4 – Contagion, op. cit.*, p. 341.
3 GREVET Yves, « Le Président de la République française – Le discours », *op. cit.*, p. 85.

les survivants, d'autant que, comme le remarquent les animaux témoins de la pandémie, si « une petite partie des humains ne mouraient pas, [...] il s'agissait d'une catégorie peu autonome, qui ne faisait pas tourner les machines et les villes. Ces humains-là n'empêcheraient pas leur monde de sombrer[1] ». Les autorités mettent alors en place des R-Points, sorte de camps de réfugiés où, selon le discours officiel, les jeunes « sont nourris, logés et soignés dans des conditions convenables[2] ». Toutefois, sous couvert d'apporter de l'aide, c'est une organisation dictatoriale que mettent en place les figures d'autorité pour mieux contrôler et surveiller les adolescents. Ceux qui s'y sont rendus pour en observer le fonctionnement ont vite compris qu'il s'agissait moins de refuges que de camps visant à ficher les adolescents :

> – C'est un peu le bordel, il y a des plus vieux, genre ceux de dix-huit ans, ceux qui ont des gilets, ils gèrent l'organisation. Ils notent les noms, les âges, tout ça. Ils nous répartissent dans les bâtiments qui servent de dortoirs. Ils nous attribuent des tâches. L'armée a même proposé à certains de leur mettre des puces électroniques dans le bras.
>
> Ce dernier point les fait marrer, moi, ça me fait froid dans le dos. Et je ne suis pas le seul que ça perturbe :
>
> – Des puces électroniques ? Comme à du bétail... Mais pour quoi faire[3] ?

Les R-Points imaginés par les romanciers incarnent ainsi parfaitement cette dialectique entre protection et répression consubstantielle à la tentative du pouvoir pour contenir la population. Cette tension est d'ailleurs bien soulignée par les explications d'Anna, une adolescente qui s'est enfuie d'un R-Point et qui croise la route de Koridwen alors qu'elle est pourchassée par les hélicoptères de l'armée :

> Ce sont des soldats. Ils forcent les ados à se regrouper dans des camps gardés. Ils te baratinent avec la sécurité. Ils te promettent le gîte, le couvert et les vêtements. Mais tu découvres vite qu'en réalité c'est une prison. Ils font faire aux ados le sale boulot : nettoyage, enfouissement des corps. Ils enrôlent des jeunes pour traquer ceux qui s'organisent à l'extérieur. Leur plus grande obsession, ce sont les armes à feu. Ils les confisquent et les détruisent systématiquement. C'est d'un camp comme celui-là que j'ai réussi à m'enfuir, il y a deux jours[4].

Les dérives du pouvoir, qui tend à brimer la liberté de la population en période de crise, sont ainsi mises en exergue dans une fiction dont la portée politique et philosophique est accessible au lecteur. En effet, ces tensions entre les figures d'autorité et les survivants de la pandémie ne sont en

---

1 HINCKEL Florence, « Happy », in *U4 – Contagion*, *op. cit.*, p. 124.
2 GREVET Yves, « Le Président de la République française – Le discours », *op. cit.*, p. 86.
3 TRÉBOR Carole, *U4 – Jules*, *op. cit.*, p. 134.
4 GREVET Yves, *U4 – Koridwen*, 2015, p. 74.

définitive qu'une exacerbation et une officialisation des tensions générationnelles qui opposent classiquement les adultes et les adolescents. Toutefois, dans le monde postapocalyptique d'*U4*, ces oppositions sont poussées à l'extrême : les adolescents ne sont plus simplement, pour les adultes, des individus qu'il convient de canaliser et de contrôler, ce sont des « ennemis[1] », des « terroristes[2] » qu'il faut neutraliser. Telle est la situation qu'explique un général au Président de la République en dépit des protestations de ce dernier :

> – Monsieur, nous sommes en guerre. À situation exceptionnelle, mesures exceptionnelles. Les forces de l'ordre doivent être autorisées, par la loi, à tirer sur ceux qui refusent de se plier aux règles. Ce sont nos ennemis ! Dans un conflit armé, on n'instruit pas le procès de chaque combattant ennemi avant de le tuer.

> – Ceux que vous appelez nos ennemis sont les enfants de la France, ce sont nos enfants sur lesquels vous faites tirer ![3]

L'emploi du lexique lié à la guerre dans le cadre d'une pandémie (étrange anticipation du discours présidentiel d'E. Macron qui, lors de son intervention du 16 mars 2020 exposant les ravages du Covid-19, déclarait lui aussi « nous sommes en guerre ») n'a rien de surprenant dans le cadre de fictions pandémiques. Dans son essai intitulé *La maladie comme métaphore*, Susan Sontag a montré comment le corps médical tend à user de métaphores militaires pour évoquer la maladie (notamment le cancer et le sida) et les dispositifs thérapeutiques mis en place[4]. La fiction s'empare de ce langage intrinsèquement lié au discours sur la maladie et la pandémie, mais elle prend les métaphores au sens littéral.

Représenter la mort et les victimes du virus

Qui dit guerre, dit morts, dit champs de bataille jonchés de corps. Parfois ce sont ceux d'adolescents assassinés par leurs semblables ou exécutés par l'armée, comme ces jeunes brûlés au napalm dont Stéphane découvre les corps dans la rue :

> Ils sont six. Encore debout sur le trottoir, statues de charbon d'un noir de cauchemar. Certains ressemblent encore à des enfants, tellement leurs corps sont maigres et de petite taille. Filles ou garçons ? Il est impossible de le dire désormais. Deux d'entre eux se sont pris dans les bras, lorsqu'ils ont compris qu'ils allaient mourir sous le lance-flammes ou la munition incendiaire. [...]

---

1 GREVET Yves, « Le Président de la République française – Le discours », *op. cit.*, p. 88.
2 VILLEMINOT Vincent, *U4 – Stéphane*, *op. cit.*, p. 281.
3 GREVET Yves, « Le Président de la République française – Le discours », *op. cit.*, p. 88.
4 SONTAG Susan, *La maladie comme métaphore. Le sida et ses métaphores*, 2009, p. 89.

Leurs corps, figés dans la position où la mort les a saisis, sont d'un noir brillant, igné, comme celui des charbons de bois. Une des silhouettes de cendre esquisse encore, pour l'éternité, le geste de lever les bras, en signe de reddition. La brutalité et la chaleur géhenne des armes utilisées ont soudé les tissus des os.

Ces momies me rappellent les figures filiformes des marcheurs de Giacometti[1].

L'emploi du présent de narration, la précision de la description et la référence artistique aux sculptures de Giacometti font de ce passage une véritable *ekphrasis*[2] qui permet au jeune lecteur de s'imprégner pleinement de l'horreur du monde postapocalyptique d'*U4*. Il en est de même pour les descriptions des cadavres de ceux qui ont succombé à la maladie. Leur évocation est un passage obligé du genre des fictions pandémiques et les quatre romanciers ne dérogent pas à la règle. Yves Grevet évoque les « cadavres gonflés d'eau qui dérivent et servent de nourriture à ces charognards[3] » qu'aperçoit Koridwen alors qu'elle longe la Seine. Narrant les tentatives des survivants pour nettoyer les rues en regroupant puis en brûlant les corps, Florence Hinckel décrit « des montagnes de cadavres » où « des pieds et des mains dépassent des draps aux plis sombres[4] ». Vincent Villeminot, quant à lui, brosse un tableau horrifique des rues de Lyon dans lequel le jeune lecteur reconnaît sans difficulté ces images dont le cinéma et les séries comme *The Walking Dead* ont fait un leitmotiv du genre :

> La ville a pris l'aspect d'une décharge, d'un champ de bataille et d'un cimetière, également. Les animaux vagabondent, chiens féraux, chats erratiques, sans oublier les rats. Les oiseaux ont envahi les trottoirs, des escadrilles de corbeaux s'abattent sur le charnier en volées et se nourrissent de nos restes, de nos dépouilles, de nos cadavres, les disputant à des rapaces venus de la campagne. Les pigeons eux-mêmes sont devenus des charognards, à moins qu'ils l'aient toujours été. Mangent-ils des hommes ? Des lambeaux, des ordures d'humains ? Les quelques corps que j'aperçois ont un aspect hideux[5].

L'horreur de ces corps devenus la proie des charognards rivalise avec l'insoutenable vision des morts en décomposition qui, dans le processus de putréfaction, engendre leurs propres prédateurs sous la forme de larves et de vers :

> Une victime du virus.
>
> Qui est peut-être déjà en train de me contaminer.

1   VILLEMINOT Vincent, *U4 – Stéphane*, op. cit., p. 123.
2   Une *ekphrasis* est une description précise et détaillée d'une œuvre d'art dont l'ambition est en quelque sorte de mettre l'oeuvre sous les yeux du lecteur.
3   GREVET Yves, *U4 – Koridwen*, op. cit., p. 119.
4   HINCKEL Florence, *U4 – Yannis*, op. cit., p. 36.
5   VILLEMINOT Vincent, *U4 – Stéphane*, op. cit., p. 53.

Je me mets à genoux, les jambes trop chancelantes pour tenir debout, et je fixe le corps, hypnotisé : c'est ma voisine du dessous [...]. Son visage est blanc presque verdâtre, des traces violacées strient son cou, sa peau semble tendue sur les os, les globes oculaires sont enfoncés, comme couverts d'un film plastique. Elle est totalement rigide, on dirait une statue de cire du musée Grévin, mais le pire, ce sont les larves, les vers qui réduisent toute sa chair en bouillie au niveau de l'abdomen. Pourquoi est-elle morte sur le palier ? Pourquoi pas chez elle ? Ça m'aurait évité de la voir[1].

Ne pas faire l'économie de ces descriptions crues et violentes dans le cadre de fictions pour la jeunesse peut certes choquer une partie du lectorat adulte qui en interrogera les effets psychologiques et traumatisants sur le jeune lecteur. Le fait est que celui-ci est familier de ces images qu'il n'a de cesse de côtoyer dans les films et les jeux vidéo. D'ailleurs, pour surmonter l'horreur de la pandémie, les adolescents héros des romans *U4* assimilent justement leur cadre de vie à celui du jeu *WOT*. Ils opèrent par là même une sorte de fictionnalisation au second degré de la crise pandémique qui leur permet de mettre à distance le caractère insoutenable de leur situation :

Alors je me dis, fais comme dans WOT, fais comme si tu étais dans le jeu, dans le monde d'Ukraün, ne te laisse pas impressionner, ne laisses pas l'Ennemi, quel qu'il soit, prendre le dessus. Et l'Ennemi, c'est la mort que je dois esquiver. Mes adversaires, ce sont les cadavres que je dois habilement feinter. Sur Ukraün, je ne perdais jamais de vue mon objectif ; je repérais les gardiens des mines de fer, dupais leur surveillance et déjouais les pièges des autres mercenaires. Je dois agir exactement de cette façon. J'ai une mission : la mine, c'est-à-dire le supermarché. Les soldats ennemis, ce sont les morts. Je me mets en mode Guerrier. J'avance d'un pas rapide, le dos droit. Je suis Spider Snake, il est désormais bien plus que mon avatar sur WOT. Il m'accompagne dans la vraie vie. J'enjambe les cadavres sans prêter attention aux détails qui pourraient me détourner de mon objectif. Être opérationnel coûte que coûte[2].

Comme Jules, Koridwen, Stéphane et Yannis opèrent régulièrement ce dédoublement qui leur permet de devenir un autre. Ils empruntent alors les caractéristiques de leurs avatars dans le jeu vidéo qu'ils aimaient : Jules devient Spider Snake, Koridwen, son double qui porte le même patronyme, Stéphane, Lady Rottweiler et Yannis, Adrial. Dans le roman consacré à ce dernier, Florence Hinckel mime d'ailleurs par l'écriture ce processus de dédoublement auquel se livrent les adolescents. Alors que les quatre romans d'*U4* se présentent sous la forme d'une narration homodiégétique, Florence Hinckel use de la narration hétérodiégétique dès que son héros s'efface au profit de son avatar. Preuve en est par exemple l'épisode où Yannis se trouve confronté à trois adolescents qui veulent le tuer :

---

1 TRÉBOR Carole, *U4 – Jules, op. cit.*, p. 16.
2 *Ibid.*, p. 23.

Quelque chose en moi se brise et explose tout à la fois. Adrial se réveille. Adrial se raidit et Happy grogne en sentant sa nervosité. Yannis est encore assez présent pour qu'Adrial soit conscient de ne pas faire le poids, à trois contre un, et l'avatar disparaît d'un coup face à cette réalité. [...] Je me recroqueville sur moi-même, tout contre la paroi. J'hésite à fuir.[1]

En mettant en scène des adolescents qui appréhendent un monde dévasté par la pandémie à travers le prisme du jeu vidéo, les auteurs d'*U4* proposent un traitement original du motif de l'épidémie en l'adaptant à leur lectorat. Ils peuvent ainsi réinvestir les *topoï* du genre sans les affadir et en leur insufflant des significations nouvelles qui font sens pour le jeune lecteur. Mais il y a plus : le jeu vidéo dont sont férus les adolescents d'*U4* repose sur un scénario de voyage dans le temps. Par là même, il pose cette dialectique de l'avant et de l'après qui est au cœur de la temporalité épidémique et qui est longuement développée dans les romans de Carole Trébor, Florence Hinckel, Yves Grevet et Vincent Villeminot.

La dialectique de l'avant et l'après : entre temporalité de l'épidémie et temporalité de l'adolescence

La question du temps est au cœur de toute crise pandémique : temps d'incubation du virus avant l'apparition des symptômes, temps entre l'émergence des premiers symptômes et la mort, vitesse de propagation de l'épidémie, course contre la montre dans la recherche d'un vaccin... Ce motif apparaît dès le préambule des romans (identique dans les quatre tomes d'*U4*). Daté du 1er novembre, ce prologue propose une plongée *in media res* dans la crise épidémique débutée dix jours plus tôt et qui a déjà décimé 90% de la population : « Cela fait dix jours que le filovirus méningé U4 (pour "Utrecht", la ville des Pays-Bas où il est apparu, et "4e" génération) accomplit ses ravages. D'une virulence foudroyante, il tue quasiment sans exception, en quarante heures, ceux qu'il infecte[2] ». Impossible pour les protagonistes de s'écrier comme Lamartine : « ô temps ! suspends ton vol[3] ». Celui-ci semble au contraire s'accélérer au risque d'entraîner l'extinction de l'espèce humaine, comme le reconnaît fatalement le Président de la République : « Nous avons conscience que le temps est notre pire ennemi dans cette lutte et que nous arriverons peut-être trop tard[4] ». « Trop tard », « trop tôt » : ces locutions adverbiales n'ont de cesse d'apparaître dans *U4*, témoignant de

---

1   HINCKEL Florence, *U4 – Yannis*, *op. cit.*, p. 94-95.
2   GREVET Yves, *U4 – Koridwen*, *op. cit.*, p. 7.
3   LAMARTINE Alphonse de, « Le lac », *Méditations poétiques*, 1820.
4   GREVET Yves, « Le Président de la République française – Le discours », *op. cit.*, p. 80.

l'incapacité des hommes à maîtriser le temps de l'épidémie. Dans la nouvelle qui ouvre le recueil *Contagion*, Vincent Villeminot raconte le traitement du premier cas français par le docteur Salien au CHU de Lyon. Rapidement contaminé, le docteur joint une dernière fois par téléphone son collègue et ami Philippe Certaldo, épidémiologiste :

> - Certaldo à l'appareil...
> - Philippe ? C'est Salien, de nouveau. On est submergés, mon vieux. J'ai trois toubibs HS... Moi-même, je...
> - Je sais, Jérôme. On est tous sur la brèche, on travaille sur vos échantillons. On n'a rien, pour l'heure, trop tôt. Et je n'ai personne ici à vous envoyer.
> - De toute façon, ici, ce serait trop tard[1].

« Trop tard », « trop tôt » : les adverbes de temps s'égrènent au fil des pages, comme le tic-tac d'une horloge, signifiant à la fois la fatalité de la temporalité épidémique et le désir de voir cette épidémie comme un point temporel pris dans une chronologie plus large comportant un avant et un après. Pour expliciter cette problématisation du temps pandémique au jeune lecteur, les romanciers développent une triple stratégie : formelle, thématique et psychologique.

La stratégie formelle repose sur l'emploi d'une forme narrative apparentée à l'écriture du journal intime. Certes les héros des quatre romans ne sont pas des diaristes à proprement parler, puisqu'à aucun moment le récit de leurs aventures n'est présenté comme un compte rendu qu'ils rédigeraient. Toutefois, l'ombre du journal intime n'est pas loin. À la fin d'*U4 – Jules*, Katia offre un journal intime à Alicia[2] ; dans *Contagion*, on trouve ainsi des extraits du journal de Maïa, l'amie de Jules. Bien que les romans eux-mêmes ne soient jamais présentés comme des journaux intimes, ils en possèdent les principales caractéristiques formelles : emploi du présent, narration homodiégétique, mise en exergue d'une date qui précède chaque récit. Les quatre romans commencent le 1er novembre, jour où les experts de *WOT* reçoivent le message d'espoir de Khronos et ils s'achèvent le 24 décembre, jour du rendez-vous fixé par le maître de *WOT*. Les événements narrés se déroulent donc dans un laps de temps très court, cette contraction du temps permettant de traduire à la fois l'urgence et la fatalité intrinsèquement liées à la temporalité de la pandémie. Cette fatalité, qui oblige les survivants à faire le deuil du monde d'avant, ne les empêche pas de se plonger parfois dans leurs souvenirs d'avant la crise. Ainsi Jules tente-t-il de reconstituer les événements des premiers jours de l'épidémie, quand

---

1 VILLEMINOT Vincent, « Charles, Idun, Marco, Émilie... – Lignes de front », *op. cit.*, p. 26.
2 TRÉBOR Carole, *U4 – Jules, op. cit.*, p. 383-384.

celle-ci n'était encore, pour l'adolescent, qu'un fait abstrait relayé par les médias :

> La chronologie des deux dernières semaines ne s'est pas ancrée dans la réalité du temps ni dans celle de ma vie, elle suit un cours parallèle. Je ne compte plus les jours depuis des jours. Les seuls repères qui m'aident à élaborer une vague temporalité sont sonores : il y a la première phase de cris, de chutes, de bruits incessants de sirènes. Elle n'a pas duré longtemps, cinq jours peut-être, du 22 au 26 octobre. C'était avant de voir les corps s'entasser sur les trottoirs. Je n'y croyais pas encore, à cette histoire de virus[1].

L'incapacité de Jules à comprendre la chronologie des événements qui ont mené à la crise pandémique rend d'autant plus prégnant son désir de remonter le temps. « Je veux revenir en arrière[2] » déclare-t-il, formulant ainsi le fantasme d'un voyage dans le temps thérapeutique que nourrissent tous les joueurs de *WOT*. La dialectique de l'avant et de l'après intrinsèque à la temporalité épidémique est ainsi problématisée à travers ce fantasme d'un retour dans le monde d'avant afin d'éviter la crise. Loin d'être un rêve sans fondement, ce projet repose sur l'annonce du maître du jeu de *Warriors of Time*. Certes, cette annonce se révèle être une impasse : il s'agit d'un message produit par l'intelligence artificielle qui a interprété les échanges entre les joueurs au sujet du virus U4 comme une allusion à un virus informatique menaçant le réseau. Le message de Khronos s'avère n'être qu'une incitation aux joueurs « à rebooter leur jeu dans une deuxième version, en recommençant la partie en temps réel là où elle a commencé : le 24 décembre[3] ». Pour autant, les héros d'*U4* sont portés par ce projet de voyage dans le temps. Les motifs du jeu vidéo et du voyage temporel viennent ainsi enrichir le traitement de la temporalité de l'épidémie, constituant les fils conducteurs de la stratégie thématique développée par les romanciers pour aider le jeune lecteur à appréhender la temporalité pandémique.

Aux stratégies thématique et formelle imaginées par les auteurs pour traduire la dialectique de l'avant et de l'après la crise épidémique s'ajoute une stratégie psychologique. Les romanciers superposent en effet deux temporalités : celle de l'épidémie et celle de l'adolescence. Si dans la temporalité épidémique le temps de la crise est le temps de l'entre-deux, entre l'avant et l'après, il peut en cela s'apparenter à la période de l'adolescence (non exempt de crises), qui est un temps charnière entre l'enfance et l'âge adulte. Ainsi la dialectique de l'avant et de l'après est-elle en quelque sorte intériorisée dans la psychologie des héros qui, face à l'épidémie, se trouvent contraints de changer et de grandir. Cette évolution

---

1 *Ibid.*, p. 32.
2 *Ibid.*, p. 69.
3 *Ibid.*, p. 289.

est bien sûr progressive. Les adolescents commencent par devenir autonomes. Ils apprennent à survivre, à s'autosuffire. Certains acceptent la responsabilité de veiller sur un individu plus faible qu'eux, comme Koridwen qui prend en charge son cousin Max souffrant de déficiences mentales ou comme Jules qui, après avoir découvert la petite Alicia, une fillette de sept ans que son grand-père a vaccinée *in extremis* avec le MeninB-Par, s'occupe de l'enfant comme si c'était sa petite sœur. Quand ils se regroupent en communauté, les adolescents tentent de reproduire la structure de la société d'avant l'épidémie, ce qui les conduit à endosser des rôles pseudo-professionnels, autrefois dévolus aux adultes : la communauté rejointe par Jules est notamment composée d'une « Planteuse », d'un « Chef », d'un « Soldat », d'une « Apothicaire », d'une « Bibliothécaire » et de deux « Cuistots »[1].

Toutefois, au fil du temps, plusieurs adolescents prennent conscience de l'impasse de ces microsociétés calquées sur les modèles du passé. La pandémie oblige à repenser le monde et son organisation. C'est là un des messages d'*U4* qui invite à interroger notre rapport à la nature, nos habitudes de consommation, notre dépendance énergétique aux carburants fossiles et au nucléaire. Ainsi Yannis projette-t-il de retourner avec Stéphane chez Elissa, une femme qu'il a rencontrée alors qu'il faisait route vers Paris et qui survivait grâce à son éolienne, sa connaissance des plantes médicinales, son potager, ses élevages de poules et de lapins[2]. « Nous irons chez Elissa [...] nous dénicherons un coin de paradis où nous pourrons vivre au plus proche de la nature[3] ». Tels sont les projets d'avenir de Yannis qui veut s'éloigner de la barbarie des villes, de la dictature de l'armée et de l'horreur de la pandémie. Telle est aussi la vie que mènent les membres de la communauté de Jules qui ont réussi à échapper à l'armée et qui se sont installés dans la ferme de Koridwen. Dans la clausule des romans, les adolescents ont donc grandi et muri. Leur sortie de la crise épidémique coïncide alors partiellement avec leur sortie de l'adolescence, dans le sens où ils sont devenus les bâtisseurs du monde d'après et où Jules, Maïa et Séverine embrassent le rôle de parents[4].

De l'écriture de la contagion à la contagion de l'écriture

En s'emparant du motif de la pandémie pour écrire une fiction à destination du jeune lecteur, Carole Trébor, Florence Hinckel, Yves Grevet et Vincent Villeminot ont donc profondément renouvelé le genre dont ils

---

1 *Ibid.*, p. 86.
2 HINCKEL Florence, *U4 – Yannis, op. cit.*, p. 221.
3 *Ibid.*, p. 410.
4 TRÉBOR Carole, *U4 – Jules, op. cit.*, p. 383-384.

reprennent les *topoï* en les traitant à travers le prisme du regard et de la psychologie de l'adolescent. Mais ce qui fait l'originalité d'*U4* par rapport aux autres fictions pandémiques ne tient pas simplement à ce changement de point de vue. Cela tient aussi à la nature même du projet d'écriture construit par les quatre auteurs. Le projet collectif d'*U4* les conduit à développer une écriture singulière où se mêlent leurs imaginaires et leurs styles. Dès lors que le personnage d'un des romans en rencontre d'autres, il faut que les scènes coïncident, que les gestes, les réactions et surtout les paroles des personnages soient les mêmes d'un roman à l'autre. Cela oblige les romanciers à cultiver ce que Kareen Martel appelle « l'intratextualité[1] ». Lors de ces interactions entre les romans – sorte de *crossover* littéraire – chaque écrivain se doit alors de poursuivre son récit en restant fidèle à ses postulats narratifs et en prenant en compte ceux de ses homologues. La virtuosité intellectuelle et littéraire mise en œuvre lors de ces scènes est surprenante, comme le montre la première rencontre entre Jules et Koridwen, alors que la jeune bretonne vient de sauver Alicia d'un fou qui, à l'instar des « animaux malades de la peste » de La Fontaine, croyait arrêter l'épidémie en sacrifiant l'enfant. Pour Koridwen, Jules a failli à ses devoirs de protecteur et elle n'hésite pas à le lui faire comprendre :

> Je me retourne et j'aperçois un jeune type qui court vers nous. Il paraît complètement bouleversé. Max a également pivoté et l'enfant se projette en avant pour sauter dans les bras de celui qui doit être son véritable frère. Max a compris et ne la retient pas. Je demande d'un ton sec :
>
> – C'est ta sœur ?
>
> L'autre me regarde en acquiesçant. Je sens monter en moi de la colère contre lui. Se rend-il compte de ce qui se serait produit si nous n'avions pas été sur le quai au bon moment ?
>
> – Comment tu expliques qu'elle se soit retrouvée avec ce taré ? Il allait l'immoler.
>
> – C'est l'Indien fou, essaie-t-il de se justifier, il l'a enlevée pendant que...
>
> – C'est ta sœur. Tu n'aurais jamais dû la laisser seule. Tu as mal veillé sur elle. En plus, elle est transie de fièvre. Pourquoi tu ne la fais pas soigner ?
>
> Je ne l'accable pas davantage. Après tout, en ces temps difficiles, il nous arrive à tous de commettre des erreurs. Celle-là aurait coûté la vie à cette pauvre enfant.
>
> – Merci à vous deux d'avoir sauvé Alicia[2].

---

1 MARTEL Kareen, « Les notions d'intertextualité et d'intratextualité dans les théories de la réception », *Protée* n° 33, Printemps 2005, p. 93-102.
2 GREVET Yves, *U4 – Koridwen*, *op. cit.*, p. 122.

La même scène décrite du point de vue de Jules prend une tonalité tout autre ; le soulagement du garçon d'avoir retrouvé Alicia et sa mise en accusation par Koridwen éveillent en lui des sentiments contradictoires :

> Déboussolé par l'émotion qui me submerge, je ne sais pas comment exprimer ma gratitude à ses sauveurs. Le grand a un regard très spécial, un peu vide, absent, comme s'il ne comprenait pas le sens de ce qu'il voyait ou qu'il ne cherchait plus à le comprendre. La fille rousse a de beaux yeux noisette très francs et directs. Je remarque qu'elle a plein de minuscules taches de rousseur. C'est elle qui prend la parole la première :
>
> – C'est ta sœur ?
>
> J'acquiesce de la tête. Son ton sec me met mal à l'aise.
>
> – Comment tu expliques qu'elle se soit retrouvée avec ce taré ? Il allait l'immoler.
>
> – C'est l'Indien fou, il l'a enlevée pendant que...
>
> Elle me coupe la parole :
>
> – C'est ta sœur. Tu n'aurais jamais dû la laisser seule. Tu as mal veillé sur elle. En plus, elle est transie de fièvre. Pourquoi tu ne la fais pas soigner ?
>
> Elle me juge et son ton est sans réplique. Ça m'agace un peu qu'elle ne cherche pas à entendre la réalité des faits, mais tant pis, il ne faut pas que j'oublie que la Minuscule leur doit la vie :
>
> – Merci à vous deux d'avoir sauvé Alicia[1].

La comparaison des deux scènes témoigne bien de l'intratextualité mise en œuvre par les auteurs d'*U4*, de cette espèce de contamination littéraire qui tisse des liens entre les différents volumes de la quadrilogie.

Dans l'introduction de *Dire les maux*, un recueil collectif réunissant des travaux autour de la littérature et de la maladie, Pascale Antolin écrit :

> La maladie est devenue un symptôme chronique dans le roman et la nouvelle contemporains. Et loin d'affaiblir les textes, elle les fortifie au contraire, les force à sortir des cadres traditionnels ou des traitements classiques pour expérimenter de nouvelles formules, de nouvelles molécules[2].

Carole Trébor, Florence Hinckel, Yves Grevet et Vincent Villeminot sont bel et bien « sortis des cadres traditionnels » en élaborant la fiction d'*U4* à quatre mains. Ils n'ont pas simplement imaginé une écriture de la contagion, ils ont développé une contagion de l'écriture en mêlant leurs univers et leurs styles. *U4* n'est pas uniquement l'histoire d'une pandémie, c'est aussi le point de départ d'une épidémie littéraire qui a d'abord touché ses auteurs avant d'infecter ses

---

1 TRÉBOR Carole, *U4 – Jules*, op. cit., p. 105.
2 ANTOLIN Pascale et PAOLI Marie-Lise (dir.), *Dire les maux – Littérature et maladie*, 2015, p. 20.

lecteurs, car nombreux sont ces derniers qui ont imaginé de nouvelles histoires en lien avec l'univers postapocalyptique d'*U4*, certaines de ces « *fan fictions* » étant publiées dans *Contagion¹*, d'autant étant à lire en ligne².

Bibliographie

ANTOLIN Pascale et PAOLI Marie-Lise (dir.), *Dire les maux – Littérature et maladie*, Pessac : Maison des Sciences de l'Homme d'Aquitaine, 2015.

GREVET Yves, HINCKEL Florence, TRÉBOR Carole et VILLEMINOT Vincent, *U4 – Contagion*, Paris : Éditions Nathan et Syros, 2016.

GREVET Yves, *U4 – Koridwen*, Paris : Éditions Nathan et Syros, 2015.

HERBERT Frank, *The White Plague*, New York : G.P. Putnam's Sons, 1982.

HINCKEL Florence, *U4 – Yannis*, Paris : Éditions Nathan et Syros, 2019.

LAMARTINE Alphonse de, « Le lac », *Méditations poétiques*, 1820.

LIRE EN LIVE, « *U4* – La naissance d'un projet », *Youtube* [en ligne], 28 septembre 2015 [consulté le 8 août 2020]. URL : https://www.youtube.com/watch?v=PHnrDnC8k78

MARTEL Kareen, « Les notions d'intertextualité et d'intratextualité dans les théories de la réception », *Protée* n° 33, Printemps 2005, p. 93-102.

PALUD Aurélie, *La contagion des imaginaires : lectures camusiennes du récit d'épidémie contemporain*, thèse en littératures comparées, Université de Rennes 2, 2014 URL : https://tel.archives-ouvertes.fr/tel-01077943/document

SONTAG Susan, *La maladie comme métaphore. Le sida et ses métaphores*, trad. Marie-France de Paloméra, Paris : Christian Bourgois Éditeur, 2009.

TRÉBOR Carole, *U4 – Jules*, Paris : Éditions Nathan et Syros, 2015.

VILLEMINOT Vincent, *U4 – Stéphane*, Paris : Éditions Nathan et Syros, 2019.

---

1 JUGE Claire, *Alicia* ; DECAUX Dess-Laura, *Héloïse* : SUCHERE Clara, *Cindy* ; CHATTON Sylvain, *Francis*, in *U4 – Contagion, op. cit.*, p. 409-443.
2 Voir la page du concours organisé par les éditions Syros [consultée le 11 août 2020]. URL : http://archive.wikiwix.com/cache/index2.php?url=http%3A%2F%2Fwww.lireenlive.com%2Ffan-fiction-u4%2F

"Have you considered the perfection of the virus?" Pandemics, Apocalypses, and the Arts

Héloïse Thomas

Doctorante à l'Univ. Bordeaux Montaigne (CLIMAS) – ATER à l'Univ. Lyon 3

"I would not recommend reading *Station Eleven* in the middle of a pandemic." As the COVID-19 pandemic unfolded over the course of 2020, Emily St. John Mandel conceded that she never meant her 2014 novel to be so eerily prescient, even though the influx of new readers launched it back into bestselling lists of dystopian fiction[1]. *Station Eleven* is cleaved into pre-collapse and post-collapse worlds by a pandemic – the Georgia Flu – which sweeps across the globe and decimates humanity. In the pre-collapse world, we follow the life of Arthur Leander, a Canadian actor who dies onstage from a heart attack, in the role of King Lear, the very night the flu arrives on the American continent. In the post-collapse world, some twenty years after the outbreak, we follow Kirsten Raymonde, a former child actress who was playing alongside Leander on that fateful night and who now lives with the Travelling Symphony. The latter is a troupe of comedians and musicians that goes from settlement to settlement along the shoreline of the Great Lakes, offering the refuge of the arts to those living in this strange new world.

But this cleaving – pre- and post-collapse – is not as neat as it would seem. The old world keeps haunting the new; among those who knew the former, some keep making shrines to it, and others reject it as rotten and sinful, rejoicing in the meaning they assign to this apocalypse. The running thread throughout the novel is the role the arts, here in the form of music and theater, may play in such a profoundly altered landscape, beyond the conventional clichés of hope and imagination. How do the arts help us cope with the apocalypse? How can they be crucial in the construction of new post-collapse regimes? And how do pandemics fit into this framework? How does the specific imaginary that pandemics conjure (disease, contagion, decay) shape the political, cultural, and aesthetic responses to the

---

1 KELLOG Carolyn, "Emily St. John Mandel's Prophetic Imagination." *Los Angeles Times* [online], 24 Mar. 2020.

apocalypse? Christos Lynteris argues that pandemics generate a specific eschatology, one

> that raises key anthropological questions about human extinction, insofar as, being the sole variant that assumes the source of the "end" to be terrestrial nonhuman life, it challenges mastery as the ontological foundation of being human[1].

While extinction narratives hinging on plagues and pandemics have always existed, Lynteris shows that the shift in epidemiological reasoning that took place in the nineties, with the notion of "emerging infectious diseases," has altered the way we consider the next pandemic and magnified the entanglements between science, policy, and cultural production[2]. In parallel, twenty-first century discourses on (post-)apocalypse have also changed, shaped by the environmental and geopolitical stakes raised by climate change and the Anthropocenic era. Contemporary pandemics thus conjure a specific imaginary and generate specific responses that interrogate our cultural relationship to narratives of the end and extinction.

Station Eleven's enduring popularity, as a novel that blends genres and blurs the boundary between reality and fiction, implies people view it as deeply relevant to the COVID era. This most likely hinges on the fact that *Station Eleven* sees cultural and aesthetic experience as a crucial aspect of the post-collapse rebuilding phase: the arts have redemptive, re-civilizing power. At a time of high social and scientific uncertainty, along with shifts in the geopolitical balance toward repressive and totalitarian regimes, this reading provides hope that things may get better. It gestures at the possibility of utopia, even in the face of rising dystopian forces in the real world. But how does this fit into Lynteris's "challenge to mastery"? In the face of "apocalypse," what are the actual scope and impact of *Station Eleven*'s utopian drive?

Representing and Eliding the Pandemic

The most striking aspect of *Station Eleven*'s representation of the pandemic is its absence, even as it saturates the narrative and the world the characters live in. There are no zombies here, no walking dead or piles of corpses torched to contain contagion: people start coughing, then get admitted to the ER, and usually die, with no consequent decaying reanimation. Those who survived and kept on living deal in part with survivor's guilt, but, once the violent frenzy of the first post-collapse years is

---

1 LYNTERIS Christos, *Human Extinction and the Pandemic Imaginary*, 2020, p. 1.

2 *Ibid.*, p. 6-7.

over, they also start rebuilding things and communities, until, for many, their pre-collapse lives feel distant, relegated to a hazy temporality. The violence of the pandemic itself is hardly shown: the reader never witnesses a death caused by the disease. Instead, the first death is almost cruelly banal. *Station Eleven* literally opens onstage: as Arthur Leander is playing King Lear at the Elgin theater in Toronto, he collapses from a heart attack. Jeevan, a former paparazzo who is now training to become a paramedic, intervenes to give CPR to Leander and then help the actors and staff deal with the aftermath. When he leaves the theater, he notices his girlfriend has already headed home; he decides to walk back. The second chapter features some of the theater staff and troupe discussing the events at the bar in the lobby, and then parting ways.

The first mention of the pandemic occurs then, a jarring irruption at the very end of the second chapter, and it upends the tranquility of what had, until then, read like realistic fiction about the emotional lives of people who go to the theater: "Of all of them there at the bar that night, the bartender was the one who survived the longest. He died three weeks later on the road out of the city[1]". The effect of that chapter ending, heightened by the casual, matter-of-fact tone, is threefold: first, it exposes the scale of the sheer decimation of humanity; second, it hints at the chaos of survival in the wake of the pandemic; and third, it roots the unfolding events in an uncanny temporality. Since the reader has access to multiple points of view, both restricted and omniscient, throughout the novel, they see everything unfold simultaneously. The bartender's death is concomitant with the time he spends talking with the rest of the staff. Furthermore, the elision of specific details – how the bartender spent these three weeks, how he died (from the flu or from other humans) – reinforces how unknowable the pandemic is.

For little is actually known about it. It is called the Georgia Flu, because it presumably originated in the Republic of Georgia. The political discourse around it is hazy and contradictory, hardly reflecting, it seems, its magnitude:

> A story had broken the day before about an alarming new flu in the Republic of Georgia, conflicting reports about mortality rates and death tolls. Details had been sketchy. The name the news outlets were going with—the Georgia Flu—had struck Jeevan as disarmingly pretty[2].

Comparisons are made with SARS, with different results: Hua, Jeevan's friend and a doctor at Toronto General, states the Georgia Flu is much worse,

---

1   MANDEL Emily St. John, *Station Eleven*, 2015, p. 15.

2   *Ibid.*, p. 17.

categorizing it as an "epidemic," and urges Jeevan to evacuate[1]. On the other hand, Laura, Jeevan's girlfriend, dismisses it: "It'll be like SARS [...]. They made such a big deal about it, then it blew over so fast[2]". We do not get direct representations of the physical effects of the flu. At most, we "hear" Hua coughing on the other end of the line when Jeevan calls him to get updates on the situation[3]. In another scene, we see Miranda, who went to Malaysia on a professional trip and witnesses the unfolding of the pandemic there: in the last scene, she is racked with a fever, on the beach, looking out at the ships on the horizon. Most other representations are indirect, with Hua describing its effects on patients he has been seeing, and the course of contagion: a 16-year-old girl from Moscow, other passengers on the same flight, an employee at the airport, the hundreds of flu patients admitted in the past hours, an orderly who had to be put on a ventilator within hours of being in contact with sick patients[4]. The immediate post-collapse years are also, for the most part, elided:

> There was the flu that exploded like a neutron bomb over the surface of the earth and the shock of the collapse that followed, the first unspeakable years when everyone was traveling, before everyone caught on that there was no place they could walk to where life continued as it had before and settled wherever they could, clustered close together for safety in truck stops and former restaurants and old motels[5].

Many evasive references are made to the violence many of the characters endured then – and potentially inflicted in return. Even though their meaning is plain enough, the knife tattoos on Kirsten's wrist are repeatedly the focus of attention for other characters, but she deflects their questions. It is only toward the end, just before Kirsten is about to run into the Prophet for a final, deadly confrontation, that we learn what these tattoos refer to: the first when she was fifteen, alone and ambushed by a man who most likely wanted to rape and murder her; the second when she had to fend off brigands with the Symphony. In both cases, the Symphony is there to provide mental support for her; but the first time is enough to make her understand this act has thoroughly changed her, and to compel her to let go of any memories she may have had of the immediate aftermath of the collapse:

> [...] she stopped trying to remember her lost year on the road, the thirteen unremembered months between leaving Toronto with her brother and arriving in the town in Ohio where they stayed until he died and she left with the

---

1   *Ibid.*, p. 20.
2   *Ibid.*, p. 25.
3   *Ibid.*, p. 22-23.
4   *Ibid.*, p. 17-20.
5   *Ibid.*, p. 37.

Symphony. Whatever that year on the road contained, she realized, it was nothing she wanted to know about[1].

The reflection on the impossibility of memory or representation in the wake of catastrophe and trauma, on the post-apocalyptic moment as a tension between the presence of the symptoms and the absence of the catastrophic event (because it cannot be reached, because it cannot be uttered) has a long genealogy, especially with the Shoah which radically redefined the terms of the conversation. As James Berger explained,

> Events took place, catastrophic and defining in political, physical, and moral senses – but they will not be or cannot be remembered or represented. Events occurred and seem to leave no trace – and yet the entire landscape is an immaculate tombstone bearing a misleading epitaph. [...] the event itself is so overwhelming as to be fundamentally unreadable; it can only be understood through the portents and symptoms that precede and follow it[2].

Whether the absent referent of trauma and apocalypse should be identified or not in order to not get trapped within it, is another discussion[3]. What matters here is the difficulty of drawing up the pandemic imaginary within the novel. It remains systematically elusive, eschewing conventional pandemic imagery such as contagion and decay, to focus instead on the ways human communities and individuals react. Consequently, the pandemic imaginary is one fundamentally characterized by haunting, visible through the narrative structure, which magnifies the uncanny aspect of many encounters, whether at the moment of the catastrophe or twenty years afterward, with the symptoms or remnants of the pandemic. The novel is thick with ghosts: characters describing themselves or their professional world as full of ghosts; ghost cities, ghost planes; ghost houses that Kirsten and her friends come across in their travels and search for useful items. In the nursery of one of them, Kirsten and Charlie have an eerie experience, what they will later call "a strange moment":

> [Charlie] was staring at the tea set as if in a trance. August called their names from downstairs, and all at once Kirsten had the impression that someone was watching them from a corner of the room, but except for Kirsten and Charlie, the room was empty. Most of the furniture in the nursery was gone, nothing remaining except this little table set for dolls and there, in the corner, a child-size rocking chair. How could this table have remained set, when the rest of the house was ransacked and in disarray? Now that Kirsten looked, she realized there was no dust on the tea set. The only footprints in the dust were

1   *Ibid.*, p. 295.

2   BERGER James, *After the End: Representations of Post-Apocalypse*, 1999, p. 20-21.

3   One that Berger and Teresa Heffernan in particular have grappled with in their works on contemporary post-apocalyptic discourses and the very possibility of identifying this referent.

hers and Charlie's, and Charlie wasn't sitting close enough to the table to touch it. What small hand had placed the doll's teacups on the table? It was very easy to imagine that the rocking chair was moving, just slightly. Kirsten tried not to look at it[1].

This concurs with what Lynteris described as the heart of the pandemic imaginary – the challenge to the rhetoric and narrative of human mastery. The typical trope of the "rewilding" of the world[2] is one expression of this, and it does appear frequently in *Station Eleven*: "There was a place where ivy had spread from the forest and covered acres of highway in green[3]". But the novel's pandemic imaginary goes farther than that, working as it does with the crux of (post-)apocalyptic discourse.

The Apocalyptic Temporality of the Pandemic

Lynteris states that the vision of the next pandemic does not fit neatly into an apocalyptic framework, insofar as the latter, be it religious or secular, is supposed to follow a linear, teleological temporality and deliver final and redemptive truths about the human condition, while the former only proceeds to deliver "meaningless endlessness," "abandoning human existence to the realm of a monotonous repetition of extinction deferrals[4]". However, it could be pointed out that Lynteris's vision of pandemic eschatology echoes what Teresa Heffernan and James Berger have characterized as contemporary, or postmodern apocalyptic discourse. Heffernan thus analyzes the "diminish[ing] faith in revelation" that runs parallel to the social, political, and philosophical shifts of the twentieth century. Modernist works already displayed disillusionment with teleology because the "sense of an ending" "no longer secure[d] the dream of the future" and the apocalypse became widely associated "with disaster and a sense of exhaustion with the model itself" rather than "revelation and renewal[5]". Postmodernism continued this line of thinking, adding "discontentment and impatience with the very investment in the idea of the end" and understanding "the very rhetoric of the end as a unifying telos [...] as partaking in catastrophe[6]". Geopolitical, social, and environmental shifts in the twenty-first century, however, have generated specific transformations of the apocalyptic, with "the

---

1   *Op. cit.*, p. 307.

2   LYNTERIS Christos, *op. cit.*, p. 17.

3   *Op. cit.*, p. 297.

4   LYNTERIS Christos, *op. cit.*, p. 8-9.

5   HEFFERNAN Teresa, *Post-Apocalyptic Culture: Modernism, Postmodernism, and the Twentieth-century Novel*, 2008, p. 7.

6   *Ibid.*, p. 11.

resurrection of both religious and secular apocalyptic scenarios of disaster and rebirth and a renewed investment in the end[1]".

So how does the pandemic imaginary constructed by *Station Eleven* actually fit into apocalypticism? In terms of the approach to time, the novel juxtaposes linearity and cyclicality. It runs along two main narratives: the life of Arthur Leander (his rise as an actor, his later tribulations, along with the lives of his first wife, Miranda, and his best friend, Clark) in the pre-collapse world; the life of Kirsten Raymonde in the post-collapse world. While the former gives us an overview of Leander's lifetime, coming to an end on that fateful night in Toronto, the latter only gives us a glimpse into Kirsten's. Both narratives are tied by Arthur's death – Kirsten was onstage with him at this performance, and he gave her beforehand a copy of his ex-wife's graphic novel, *Dr. Eleven*. The story interweaves multiple temporalities that appear mostly linear, following Arthur Leander's life for example. Even in the wake of the catastrophe, when the characters stranded at Severn City assume their predicament is temporary and await relief, they eventually stop waiting and go on to move forward because, with governmental rescue becoming ever more unrealistic, the eternal deferral is a practical dead-end:

> At first the people in the Severn City Airport counted time as though they were only temporarily stranded. [...] Day One, Day Two, Day Forty-eight, Day Ninety, any expectation of a return to normalcy long gone by now, then Year One, Year Two, Year Three. *Time had been reset by catastrophe.* After a while they went back to the old way of counting days and months, but kept the new system of years: January 1, Year Three; March 17, Year Four, etc. Year Four was when Clark realized this was the way the years would continue to be marked from now on, counted off one by one from the moment of disaster[2].

Two systems of keeping time overlap for a short while, but they are overwhelmingly linear, using the moment of the catastrophe as the "absolute, that is to say extra-temporal, beginning[3]". By providing the readers with a non-linear account of the story, however, the narrative itself offers detours through non-linear temporalities. As we switch back and forth between Arthur's and Kirsten's lives, along with excerpts from post-collapse interviews and from Miranda's graphic novel *Dr. Eleven*, glimpses into the lives of other characters, and poetic ruminations on the 'new' world, our journey through world-and-narrative-building is anything but linear. August's belief in the existence of parallel universes further muddles the certainty of a singular, linear arrow of

---

1   *Ibid.*, p. 27.

2   *Op. cit.*, p. 231 (emphasis mine).

3   LYNTERIS Christos, *op. cit.*, p. 8.

57

time[1]. Even the very first and very last lines echo each other, though it is clear progression has been made. The novel opens with an epigraph by Czeslaw Milosz, from *The Separate Notebooks*:

> The bright side of the planet moves towards darkness
> And the cities are falling asleep, each in its hours,
> And for me, now as then, it is too much.
> There is too much world.

The very first chapter displays Leander on stage – "The King stood in a pool of blue light, unmoored[2]" – while the novel closes on Clark, who has just shown Kirsten that far away a town has seemingly recovered electricity, and who now muses about the renewed possibility of movement in the world:

> He has no expectation of seeing an airplane rise again in his lifetime, but is it possible that somewhere there are ships setting out? If there are again towns with streetlights, if there are symphonies and newspapers, then what else might this awakening world contain? Perhaps vessels are setting out even now, traveling toward or away from him, steered by sailors armed with maps and knowledge of the stars, driven by need or perhaps simply by curiosity: whatever became of the countries on the other side? If nothing else, it's pleasant to consider the possibility. He likes the thought of ships moving over the water, toward another world just out of sight[3].

This is not "too much world" for Clark: indeed, as he has been living with what feels like a protracted version of the world, imagining the rest of the planet provides the possibility of mental, if not physical, expansion. While the 'unmooring' meant imminent, almost bathetic, death for Leander, it signals for Clark that humanity may have found a way out of the restrictions the pandemic apocalypse imposed: the process of global travel (if not globalization itself) may restart. Clark's imagining of ships also recalls Miranda's own end, as she gazes at the container fleet on the horizon and feels comforted by the fact that the crew is probably sheltered from the flu: "she smiled at the thought that there were people in this reeling world who were safe[4]". This in turn is connected to the graphic novel *Dr. Eleven*, which further muddles temporality: it is set on a space station shaped like a planet; it is left unfinished; it also appears notably when Miranda is dying, and her feverish mind juxtaposes on the Malaysian sunrise the sunsets she drew in *Dr. Eleven*[5].

---

1 *Op. cit.*, p. 199-200.
2 *Ibid.*, p. 3.
3 *Ibid.*, p. 332-333.
4 *Ibid.*, p. 227.
5 *Ibid.*, p. 228.

Contagious Meaning-Making

Station Eleven thus makes use of multiple types of temporality – linear and cyclical, with progress and rupture possible in both. Consequently, the novel toes the line of modern and postmodern apocalypticism without giving into an aporia of despair. Time has not stood still; it moves on, and with it, people adapt, adjust, and continue living, even as pandemics and other catastrophes run cyclically in the background. This means that in itself, the Georgia Flu is not apocalyptic – neither final, nor teleological – but it does, however, traffic in apocalyptic meaning-making. In the novel's post-collapse world, the pandemic is, inevitably it seems, appropriated by religious discourse that imbues it with apocalyptic meaningfulness. This is embodied in the figure of the Prophet – Arthur Leander's son, Tyler, who got stranded with his devout mother, Elizabeth, on the flight that was supposed to bring them to Leander's funeral. Elizabeth and Tyler lived in Jerusalem[1]; even though their religion is not named as such, they are clearly Christian and their conception of the end and of the pandemic is rooted in Christian apocalypticism.

Clark (Leander's friend who was on the same flight and recognizes the pair) notices early on the peculiarities of the child, whom he sees reading from the Book of Revelation to an airplane that had been stranded on the tarmac since the very beginning of the pandemic. No passengers had disembarked, most likely because the contagion was too severe: the plane had thus been sealed off, a mausoleum that no one ever discussed, yet another haunting presence. As Clark tries to ask Tyler what he is reading to the passengers and why, it becomes obvious the young boy's mind has become warped with religious rhetoric: he repeatedly asks why "people like us," who were saved, "people who were good, [...] people who weren't weak[2]". When Clark brings this up with Elizabeth, the latter's reaction – "Everything happens for a reason[3]" – makes it clear how and why such an ideology can take root. In the face of utter meaninglessness, or unsatisfactory reasons (Clark's explanations about virus and immunity clearly fall short for Tyler), the End must be reinvested with meaning in order to preserve sanity. Later on, when a band of religious travelers arrives at the airport, Elizabeth and Tyler will leave with them, citing the need to lead "a more spiritual life," and one of Clark's friends, Dolores, will voice her relief: "That kind of insanity's contagious[4]". This reaffirms apocalypticism – the belief in the end as a site of revelation and truth-making and in the opposition between elect and non-

---

1   *Ibid.*, p. 13.

2   *Ibid.*, p. 260.

3   *Ibid.*, p. 261.

4   *Ibid.*, p. 261.

elect – as a form of pandemic in itself. In the wake of the pandemic, letting such apocalypticism take hold means perpetuating the death-bound narrative of the pandemic.

While mentions of Tyler appear early on, notably in a clipping from a TV Guide Kirsten has kept because it mentioned Arthur, we meet the Prophet himself (even though we only make the connection between Tyler and the Prophet later on in the book) when the Traveling Symphony arrives in St. Deborah by the Water, a settlement where they had previously left two members, one of whom, Charlie, was pregnant. In this span of time, the settlement has changed and the troupe is met with a general sense of distrust and latent hostility. Through an acquaintance, they learn that an epidemic has killed off thirty people, including the mayor, and that there had been "a change in management" (the "corporate" overtones of this are not lost on the troupe), after which many families had left[1]. As she looks for Charlie, Kirsten goes to see a midwife who mentions that Charlie "rejected the prophet's advances" and had to leave with her family[2]. The sense of a menace is heightened when several other people in the settlement warn the troupe that it is best to avoid asking questions and to leave as soon as possible.

The magnitude of the threat the Prophet poses is made quickly, and abundantly, clear. After the troupe's performance of *A Midsummer Night's Dream*, the Prophet rises and starts giving a speech – a sermon – about the pandemic. Starting out with "we are blessed" – meaning, we are thankful for the performance, "this beautiful respite from our daily cares" – he promptly moves on to "we are blessed" because we are here, we have survived, we have been "spared[3]". This movement, toward the concept of being "spared," implies the attribution of intentionality to the pandemic; and indeed, the Prophet conceives it as a divine scourge, meant to sort the wheat from the chaff.[4] "Have you considered the perfection of the virus[5]?" he asks. The entire

---

1   *Ibid.*, p. 54.

2   *Ibid.*, p. 51.

3   *Ibid.*, p. 59.

4   In a few ways, the novel also seems to echo the Prophet's apocalyptic discourse on who may be saved and who will not. Frank, Jeevan's brother, was shot when covering the war in Afghanistan and is now in a wheelchair. When Jeevan learns about the news of the pandemic, his first instinct is to gear up – buying multiple cartfuls of groceries, essentials, and a few "grace items" (*Ibid.*, p. 21-25) – and head to his brother's apartment, in order to wait things out. As the days go by, the world goes dark, losing electricity, TV, the Internet, transportation of all kinds. When Jeevan starts hinting they will have to leave at some point, Frank answers, "I don't know where I'd go, [...] I don't know how I'd do it" (*Ibid.*, p. 182). Frank ends up committing suicide, 'releasing' Jeevan in a way so that the latter can "go out there and try to survive" (*Ibid.*, p. 183). This raises the question: do disabled people have a place in post-apocalyptic / pandemic narratives? Or are they condemned to be among the non-elect because of their disability? If so, why?

5   *Ibid.*, p. 60.

speech is riddled with explicit semantic signposts of religious apocalypticism: "everything that has ever happened on this earth has happened for a reason", "the timing obvious, diving punishment for the waste and slaughter of the First World War" (about the 1918 outbreak), "a virus like an avenging angel, unsurvivable", "a cleansing of the earth", "we are the pure", "an initial culling of the impure[1]". The pandemic and its antonymic associations (plague/cleansing, contamination/salvation) is the instrument of divine power, which the Prophet takes upon himself to decipher and to impress on his followers.

Besides his overt apocalyticism, the Prophet seems very much bent on reproducing older forms of hegemony and oppression, even as he traffics in 'new' forms of spirituality. The religious travelers that came to Severn Airport, and with whom Elizabeth and Tyler eventually left, appear to invoke a hodgepodge syncretism of Christian and New Age mysticisms: "The precise nature of their religion was unclear. 'A new world requires new gods,' they said. They said, 'We are guided by visions[2]'". Tyler/the Prophet will most likely become, by circumstance or intentionally, part of this new pantheon. By all accounts, he is a young white man, caught in and radicalized by religious fanaticism; he overtly reproduces patriarchal domination by collecting as many 'wives' (most often, much younger women, even girls) as possible and threatening the women who turn him down. With a few followers, he spends the rest of the novel relentlessly tracking down the Traveling Symphony because he wants to forcefully 'take back' Eleanor – a twelve-year-old girl who was promised to him as his fifth wife and who stowed away on a caravan of the Symphony in order to escape. Eleanor provides us with the story of the Prophet's ascension to power in St. Deborah by the Water – he arrived, nameless, with a group of followers; he allegedly had a vision that came true, securing his legitimacy as prophet; he appeared friendly and his group shared food with the inhabitants; when the mayor died, he seized power. "No one had quite realized how much weaponry they had[3]".

In this sense, the Prophet is both a prophet and a messenger, an interpreter of symbols and a mouthpiece for divine intention. His determination to read a traditional narrative of salvation and redemption – one that would, of course, favor him – is typical of apocalyptic rhetoric, which cleaves humanity in two distinct groups: the elect and the non-elect[4]. When the final showdown occurs between Kirsten and the Prophet, the latter

1   *Ibid.*, p. 59-61.
2   *Ibid.*, p. 261.
3   *Ibid.*, p. 126.
4   GOLDMAN Marlene, *Rewriting Apocalypse in Canadian Fiction*, 2005.

is killed by one of his own followers, a young boy who can no longer bear the violence his leader inflicts and who takes his own life shortly afterward. On the Prophet's body, Kirsten finds "a copy of the New Testament, held together with tape" and a page torn from the first volume of Miranda's *Dr. Eleven* series. The entire page only bears a single image:

> Dr. Eleven kneels by the lifeless body of Captain Lonagan, his mentor and friend. [...] Dr. Eleven is distraught, a hand over his mouth. An associate is there too, a speech bubble floating over his head: "You were his second-in-command, Dr. Eleven. In his absence, you must lead."

> Who were you? How did you come to possess this page? Kirsten knelt by the prophet, by the pool of his blood, but he was just another dead man on another road, answerless, the bearer of another unfathomable story about walking out of one world and into another[1].

We readers do have the answers Kirsten seeks as to the Prophet's identity and his relation to the world of *Dr. Eleven*, and she will most likely obtain those answers in her later encounter with Clark. For now, the man's corpse remains silent, even as the Prophet was convinced he held all answers needed (and, consequently, the legitimacy required to lead) in the aftermath of the pandemic. There is also no mention of what happens to his followers afterward: do they hail him as a martyr, a new type of saint? Do they try to continue his teachings? Do they tear one another apart in a fight for power and new leadership? Do their bonds, existing only because of the Prophet, eventually dissolve? This scene hints at both the possibility of closure even when the narrative remains open-ended and at the necessity to find answers that are not rooted in excluding apocalyptic regimes of truth.

The Arts as Nostalgic Refuge or Utopian Remedy

In this context, the premise of the novel hinges on acknowledging the arts as a crucial vehicle for truth- and community-building in the wake of catastrophe. The motto the Traveling Symphony selected for itself, pulled from *Star Trek: Voyager*, is revealing on this point: "Because survival is insufficient[2]". As such, the novel affirms the clearly utopian desire of going beyond the conventional narrative of bleak post-apocalyptic landscapes and barely alive humans scrounging for survival. The arts are vital to this project insofar as they are this novel's answer to the ontological question of humanity. What makes us human, even when a virus forces us to reevaluate who we are? What gives us hope that the catastrophe is not final? The arts.

---

1   *Op. cit.*, p. 304.

2   *Ibid.*, p. 58.

This essentially means a lot of Shakespeare, in addition to pop culture references sprinkled here and there. Kirsten does look for tabloids and TV guides when she searches abandoned houses, but it is mainly to find any mention of Arthur Leander, who is one of her main tethers to the pre-collapse world. The troupe's repertoire is essentially Shakespearean. Electronic music is excluded, naturally. *King Lear*, *A Midsummer Night's Dream*, and other plays are referenced, both in the narrative and in the structure of the novel. The pervasive references to the ocean and submarine life, along with the character named Miranda, could evoke *The Tempest* for some readers. The performance of *A Midsummer Night's Dream* that the Traveling Symphony puts on at St. Deborah by the Water stages the tremendous ability of the arts to bridge time and space:

> Lines of a play written in 1594, the year London's theaters reopened after two seasons of plague. Or written possibly a year later, in 1595, a year before the death of Shakespeare's only son. Some centuries later on a distant continent, Kirsten moves across the stage in a cloud of painted fabric, half in rage, half in love[1].

The mention of the plague is another indicator, as I discussed in the first section, that temporality may be overall linear but often veers into cyclicality: events are repeated, albeit in different guises; words carry on. Overall, what the pandemic undoes, in terms of social relations, is rebuilt by both the arts and the narrative itself of the novel. Through Miranda's comic, through Shakespeare's plays, through music and performance, the characters find ways to attenuate the finality of the pre-collapse/post-collapse divide. And as readers, we are privy to the connections that exist between the characters, whether the latter are aware of them or not: thus, we can reconstruct the invisible communities that bind them.

Limitations to this conception of art do appear, however, within the text. The text as a whole is very much indebted to Shakespearean art, but the reason for this choice is never explained beyond "People want what was best about the world[2]", and thus remains puzzling. What is it about Shakespeare, exactly, that would make him an obvious choice for leading figure in post-collapse (theater) arts? This is never explained, perhaps because his status as "universal" and thus "universally relatable" is implicitly reaffirmed and never questioned. While the distinction between high and low cultures is seemingly collapsed, with the Internet and Shakespeare belonging to the same bygone era, high culture seems to fare better, to be the 'natural' choice people turn to in times of catastrophe. But *Station Eleven* does not probe the reasons behind this construction of certain works of arts as being those with the greatest likelihood

---

1 *Ibid.*, p. 57.
2 *Ibid.*, p. 38.

of creating hope. In her review of the novel, Sigrid Nunez remarked upon this, saying, "Survival may indeed be insufficient, but does it follow that our love of art can save us?" She ultimately states that the novel provides

> comfort and hope to those who believe, or want to believe, [...] that in spite of everything people will remain good at heart, and that when they start building a new world they will want what was best about the old[1].

While it can be argued that reiterating narratives of disaster and catastrophe does little for hope to flourish, as the past decades have shown, and while it is refreshing indeed to have speculative fiction turn away from the drudgery of survival to instead focus on building what looks like utopia, there is an inherent risk in the latter, that of nostalgia that does not sufficiently interrogate the trappings of the world it wishes to replicate. I would go as far as saying that the decision to saturate the text with Shakespearean references, which explicitly favors the replication of pre-collapse "high" forms of culture over post-collapse aesthetic innovation, is bound up in a nostalgic ethos that accounts for the eventual utopian failure of the novel. Through the representation of pandemics and apocalyptic discourse, *Station Eleven* sketches out a critique of various political modes, such as capitalism and patriarchy. But as a whole, the novel does not follow through on this critique, precisely because it remains preoccupied with redeeming the old world, even when there is no revelation at hand, rather than acknowledging the post-apocalyptic, utopian necessity of dismantling former power structures.

Mark West has addressed how the lack of revelation, in the novel's apocalyptic narrative, deprives it of a way out of the old world's failings precisely by dismissing the latter. The characters who held corporate jobs in the pre-collapse world and who were bound up in (and profiting from) a globalized capitalist economy are far from seeing capitalism as a form of apocalypse, and their "minimization of capitalist apocalypse is a way of avoiding having to come to terms with it and building a new — better — world[2]". Quoting Evan Calder Williams, who described this kind of ethos as "a post-world nostalgic", "desperate to shore up the remnants of its outmoded status quo[3]", West highlights how *Station Eleven* "repeatedly seeks to recuperate the pre-Flu world and offer continuity with it" without fostering creation or creativity when these are most needed: in the traumatic

---

1   NUNEZ Sigrid. "Shakespeare for Survivors." *New York Times* [online], 12 Sept. 2014 [accessed 15 Jun 21].

2   WEST Mark. "Apocalypse Without Revelation?: Shakespeare, Salvagepunk and *Station Eleven.*", *Open Library of Humanities*, vol. 4, no. 1, 30 Jan. 2018, p. 21.

3   WILLIAMS Evan Calder, *Combined and Uneven Apocalypse*, 2011, p. 4.

aftermath of the apocalypse. Indeed, it often seems nothing is being created in terms of the arts in this post-collapse world, as Kirstyn McDermott remarked in her review of the novel on the podcast *The Writer and the Critic*: "This is a book about how important the arts are [...] and yet who is actually creating anything[1]?"

The pandemic's challenge to human mastery thus appears to fall short here. When it brings revelation, the utopian message is distorted in order to uphold violent and oppressive power dynamics, as in Tyler's case. When the pandemic's potential for revelation is channeled through the arts, it seems to build a sense of community, but the latter is caught in the trap of nostalgia. Even the younger generation, born after the collapse and thus unaware of and confused by what their forerunners took for granted – the Cloud, planes, borders – is trapped in this, since the older generations have not deconstructed the apocalypse that was already at the heart of the world they knew. In the last scenes of the novel, Clark shows Kirsten a "miracle" on the horizon line: a lit-up electrical grid, presumably in a town that has found a way to recreate electricity. But is this ultimate act of (re)creation truly hopeful? Will this compel humanity to weave new relationships with the world it inhabits, or will humanity merely replicate its former failings, reconquering the planet, reconfirming the narrative of mastery, and thus preventing true, sustainable utopian growth?

Conclusion

In numerous 2020 interviews, when the question of the similarities between her novel and the COVID pandemic came up, Mandel pointed out that she sees pandemics as "an inevitability": "This is not to minimize the horror or the tragedy in any way. But this is just something that happens every so often. It's happened before and it'll happen again[2]". The Georgia Flu was inspired by pandemic history: "I was particularly focused on the smallpox epidemic in the 1790s in North America, explorers writing about its impact on the Native communities around where I grew up", as Mandel explains[3]. This highlights that Mandel is aware of the cyclicality of not just pandemics but also, more broadly, the apocalypse itself. The history of North American nations is bound up in apocalypse, between the genocide of Indigenous populations through intentional pandemics and massacres, Manifest Destiny and territorial

---

1   McDERMOTT Kirstyn and MOND Ian (hosts), "'Hild' and 'Station Eleven.'" *The Writer and The Critic* [online], episode 41, 17 Dec. 2014 [accessed 15 Jun 21].

2   KELLOG Carolyn, *op. cit.*

3   *Ibid.*

expansion, chattel slavery, and the political and economical regime (globalized capitalism) that was built upon this. In *Station Eleven*, the pandemic is used as a way to both reflect on and elide these other forms of apocalypse: by centering a depoliticized vision of the arts as a pivotal aspect of post-apocalyptic community-building, the novel flattens and dismisses other discussions of past apocalypses and their impact. Consequently, the possibilities that apocalyptic temporalities and meaning-making processes represent are never fully articulated and the significance of the specificities of the pandemic imaginary is never played out in full.

Mandel's next novel, *The Glass Hotel*, was published earlier in 2020. Two characters from *Station Eleven* are evoked in it – Leon Prevant and Miranda Carroll. In *Station Eleven*, both die from the Georgia Flu; in *The Glass Hotel*, they are both alive. *The Glass Hotel* constantly ruminates on the decisions, minute or decisive, that we make and that change the course of our lives. The characters frequently ponder what life would have been had they chosen other paths, such as Vincent:

> None of these scenarios seemed less real than the life she'd landed in, so much so that she was struck sometimes by a truly unsettling sense that there were other versions of her life being lived without her, other Vincents engaged in different events [...] Imagining an alternate reality [...] [where] the terrifying new swine flu in the Republic of Georgia hadn't been swiftly contained; an alternate world where the Georgia flu blossomed into an unstoppable pandemic and civilization collapsed[1]."

In *The Glass Hotel*, the apocalypse of the pandemic has been averted, and much of the world has gone on untouched. Instead, the characters must contend with another apocalypse: the financial crisis that was hinted at in *Station Eleven*. Each novel represents an "alternate reality," pushing us in turn to imagine alternate universes for ourselves. Had we survived the Georgian Flu, what would we do? What would we create? If anything, reading *Station Eleven*, especially in the time of COVID, urges us to articulate for ourselves the significance of the pandemic imaginary, and the questions of responsibility, meaning-making, and community-building it raises.

Works Cited

BERGER James, *After the End: Representations of Post-Apocalypse*, Minneapolis: University of Minnesota Press, 1999.

GOLDMAN Marlene, *Rewriting Apocalypse in Canadian Fiction,* Montreal/Kingston: McGill-Queen's University Press, 2005.

---

1   MANDEL Emily St. John, *The Glass Hotel*, 2020, p. 66-67.

HEFFERNAN Teresa, *Post-Apocalyptic Culture: Modernism, Postmodernism, and the Twentieth-century Novel*, Toronto: University of Toronto Press, 2008.

KELLOG Carolyn, "Emily St. John Mandel's Prophetic Imagination." *Los Angeles Times* [online], 24 Mar. 2020 [accessed 15 Jun 21], URL: latimes.com/entertainment-arts/books/story/2020-03-24/crawling-out-of-a-financial-crisis-with-emily-st-john-mandel-and-the-glass-hotel

LYNTERIS Christos, *Human Extinction and the Pandemic Imaginary*, London: Routledge, 2020.

MANDEL Emily St. John, *The Glass Hotel*, London: Picador, 2020.

MANDEL Emily St. John, *Station Eleven*, London: Picador, 2015.

McDERMOTT Kirstyn and MOND Ian (hosts), "'Hild' and 'Station Eleven.'" *The Writer and The Critic* [online], episode 41, 17 Dec. 2014 [accessed 15 Jun 21]. URL : https://writerandcritic.podbean.com/e/episode-41-hild-and-station-eleven/

NUNEZ Sigrid, "Shakespeare for Survivors." *New York Times* [online], 12 Sept. 2014 [accessed 15 Jun 21]. URL: nytimes.com/2014/09/14/books/review/station-eleven-by-emily-st-john-mandel.html?

WEST Mark, "Apocalypse Without Revelation?: Shakespeare, Salvagepunk and *Station Eleven*.", *Open Library of Humanities*, vol. 4, no. 1, 30 Jan. 2018, p. 1–26.

WILLIAMS Evan Calder, *Combined and Uneven Apocalypse*, Ropley: Zero Books, 2011.

Le virus du langage dans *The Flame Alphabet* de Ben Marcus

Stefania ILIESCU

Doctorante à l'Univ. Rennes 2, École doctorale Arts, lettres, langues (ALL)
Unité de recherche EA 1796 Anglophonie : Communautés, Écritures (ACE)

Publié en 2012, le roman de Ben Marcus *The Flame Alphabet* raconte la manière dont une épidémie virale s'empare des États-Unis. Celle-ci précipite dans une crise profonde le quotidien des habitants de la ville de Rochester et s'étend rapidement à l'ensemble du pays. L'épidémie présente des similitudes effrayantes avec la pandémie provoquée par le SARS-CoV-2, car il s'agit d'un virus inconnu qui atteint uniquement certaines tranches de la population, notamment les adultes. Les médias diffusent des informations contradictoires de sorte que les rumeurs se propagent, alimentant sans cesse la peur suscitée par la crise. Outre les ressemblances avec la Covid apparue en 2019, *The Flame Alphabet* anticipe également certains des maux que la pandémie a révélés. En effet, l'intérêt de ce récit fictionnel réside principalement dans la lumière qu'il jette sur l'état de crise propre au monde contemporain. Dans cet « état d'exception » (Giorgio Agamben[1]) que le roman met en scène, toutes les certitudes de l'existence semblent voler en éclats et, de ce fait, la crise devient existentielle : les liens familiaux se délitent, la vie est réduite à une dimension essentiellement biologique servant d'instrument dans l'exercice du pouvoir politique ; ce dernier s'appuie sur la surabondance des informations et le milieu technologique pour se maintenir en place. Dans un monde en crise, privé de relations humaines, de logique et de langage, l'Homme se désolidarise de la communauté humaine et entame un désengagement éthique à l'égard de l'Autre, susceptible de le conduire à la déshumanisation.

---

1 Selon Giorgio Agamben, l'état d'exception cesse d'être une mesure provisoire de gouvernement en période de crise pour devenir le paradigme de gouvernement des sociétés contemporaines. AGAMBEN Giorgio, *Homo sacer II. L'état d'exception*, 2003.

Construit à l'orée du vraisemblable et du plausible, *The Flame Alphabet* met en scène le quotidien d'une famille : Samuel, le narrateur, son épouse Claire et leur fille Esther. Leur vie prend des contours apocalyptiques en raison d'une maladie mystérieuse qui frappe les États-Unis. Seuls les adultes sont touchés, alors que les autorités ne sont pas en mesure d'en fournir une étiologie et de proposer des remèdes susceptibles d'endiguer l'épidémie. Comme les solutions médicales tardent à venir et l'interprétation des symptômes de la maladie n'est qu'une suite d'erreurs (« Everybody's a diagnostician, and everybody is wrong.[1] »), la propagation du virus touche aussi bien le corps biologique que le corps social et politique, puisque la contamination envahit l'existence dans ses multiples dimensions. Peurs et rumeurs se répandent à la vitesse du virus et accaparent le psychisme des individus. Une unique certitude demeure, mais elle n'est guère rassurante : le virus se diffuse par le langage des jeunes. Car ce sont les mots qui sortent de la bouche des enfants et des adolescents qui empoisonnent les adultes : « How children would conduct themselves now that they were the only ones not sickened by speech, that was their business.[2] »

Nous nous proposons d'explorer les maux mis en évidence par l'épidémie à travers l'analyse des différents aspects que la notion de crise présente dans ce roman. La dystopie construite par Ben Marcus se nourrit de l'imaginaire contemporain tout en présentant des défis semblables à ceux posés par la pandémie provoquée par le SARS-CoV-2. Au-delà de l'épidémie virale, le livre plonge le lecteur dans un état de crise existentielle et l'invite à réfléchir à une situation-problème qui semble conduire vers une impasse : dans la mesure où le langage devient vecteur de toxicité, l'individu parvient-il à trouver un moyen de communication fiable afin de pouvoir se construire et faire advenir un futur désirable avec les autres ? Tout d'abord, nous examinerons les modalités par lesquelles la crise épidémiologique se propage à toutes les strates de l'existence : elle affecte les liens familiaux mettant en lumière des relations problématiques sur le plan intergénérationnel entre le père et la fille, mais aussi au sein du couple. En effet, le roman est le récit écrit par le père, Samuel, dans lequel il revient sur les relations familiales à la lumière des événements provoqués par l'épidémie. Cependant, la visée de ce processus narratif demeure ambiguë dans la mesure où l'écriture entend également questionner la fonction du récit. Pourquoi faire un récit de la crise si la langue devient elle-même un vecteur de maladie ? Le récit semble révéler, comme nous le verrons ensuite, l'état pathologique du présent et la vulnérabilité inhérente à l'existence humaine. La recherche des remèdes et

---

1 MARCUS Ben, *The Flame Alphabet*, 2013, p. 5.

2 *Ibid.*, p. 7.

des solutions médicales est remise en question du fait de la toxicité du langage. En effet, le niveau du désordre s'accroît dans le roman, car les rumeurs prennent le pas sur l'objectivité scientifique, sur la raison et la logique. Enfin, nous verrons la manière dont le roman met en scène le confinement du narrateur dans un espace quasi carcéral pour interroger la place du corps dans le dispositif de pouvoir ainsi que la notion de responsabilité. À Forsythe, on cherche un antidote à la maladie mystérieuse produite par le langage des jeunes et, ce faisant, on exerce un pouvoir qui investit la vie des individus et qui relève de la biopolitique[1]. Somme toute, se servant de la rhétoricité de la langue, *The Flame Alphabet* allie le discours littéraire et le discours médical pour mettre en évidence l'état de crise de l'époque actuelle dans des sociétés devenues écosystèmes, essentiellement médiatique et technologique, qui altèrent la communication interpersonnelle et façonnent l'agir de l'humain.

Pourquoi en faire un récit ?

À l'aide des mouvements d'aller-retour dans le temps et dans l'espace, *The Flame Alphabet* montre la manière dont la maladie opère au sein d'une famille et se dissémine au niveau de la société. Ainsi, dans la première partie du roman, on découvre la situation de crise qui pousse le protagoniste à choisir le chemin de l'exil afin d'échapper à la nocivité des paroles prononcées par leur fille. Exigeant de son épouse qu'elle le suive, Samuel envisage l'exil pour respecter le confinement décidé par les autorités, mais aussi pour éviter la dégradation de l'état de santé de son épouse et le sien. Son choix de partir soulève des questions sur les notions de responsabilité et d'obéissance, tout en étant synonyme d'un double abandon, car, dans la deuxième partie du roman, Samuel laisse derrière lui sa fille et son épouse pour rejoindre Forsythe, lieu situé à la lisière du réel et de l'imaginaire. Servant de laboratoire expérimental, ce complexe médical s'apparente davantage à un espace carcéral. Samuel y entreprend en vain des recherches pour trouver un nouvel alphabet susceptible de produire un langage non toxique, à même d'établir une nouvelle forme de communication exempte de

---

1 Selon Michel Foucault, la biopolitique constitue le phénomène de politisation de la vie et du vivant : « un pouvoir qui s'exerce positivement sur la vie, qui entreprend de la gérer, de la majorer, de la multiplier, d'exercer sur elle des contrôles précis et des régulations d'ensemble [...] C'est sur la vie maintenant et tout au long de son déroulement que le pouvoir établit ses prises ; la mort en est la limite, le moment qui lui échappe ; elle devient le point le plus secret de l'existence, le plus "privé" [...] Les disciplines du corps et les régulations de la population constituent les deux pôles autour desquels s'est déployée l'organisation du pouvoir sur la vie. », FOUCAULT Michel, *La Volonté de savoir*, 1976, p. 180-182.

toute corruption. Cependant, le personnage décèle la vraie nature de Forsythe dont les tests portent sur les humains, parmi lesquels figure son épouse. Il parvient à s'échapper, mais ce faisant, il abandonne Claire une deuxième fois :

> Above me somewhere, in a bed, plugged into support machines, *or perhaps plugged in no longer*, was Claire. For the second time now, instead of staying to help my wife, I went the other way. I looked at no one, then stepped into nothing.[1]

Dans ce roman, l'inscription du mouvement se fait dans l'espace géographique d'une Amérique en crise que le je-narrant se remémore. Dans la troisième partie, le récit retrace un déplacement en sens inverse, cependant le retour de Samuel se fait dans un espace-temps qui appartient davantage à l'irréel. Ainsi, le protagoniste ne rejoint pas sa maison après l'évasion, mais la hutte dans la forêt où son épouse et lui avaient coutume de pratiquer leur foi[2]. Dans cette dernière partie du roman, la narration au présent laisse apparaître l'attente dans laquelle le personnage se place, rendant possible la projection dans un avenir imaginaire.

Thématiquement, l'épidémie met en évidence la crise qui sous-tend les relations père-fille et époux-épouse. Écrit sous la forme d'une analepse, le récit que fait Samuel peut se lire tout d'abord comme une tentative de sa part de sonder en profondeur les liens qui l'attachent à Esther et à Claire. Par le biais de ce récit, il cherche à combler sa propre compréhension inadéquate des événements afin de leur donner une signification nouvelle. Le surgissement mémoriel du narrateur va de pair avec l'effacement de la linéarité chronologique ; il constitue un moyen littéraire permettant d'interroger la possibilité même d'un décodage du passé et de la lecture sans perte. Toujours est-il que son regard rétrospectif ne lui permet pas d'obtenir davantage d'éclaircissements. En fait, Samuel ne semble pas en mesure de parvenir à une meilleure interprétation de la crise traversée dans le passé. Sa lecture ne peut qu'être vouée à l'erreur, car il ne croit pas aux récits. À ses yeux, les histoires n'offrent aucune résolution, elles posent des problèmes dont le sens caché ouvre, invariablement, sur une énigme insoluble : « I am no fan of stories, perhaps because they seem more like problems that will never be solved[3]. »

Dans les deux premières parties du roman, le narrateur fait un retour dans son passé pour relater les circonstances de l'abandon de sa famille. La mise en récit dévoile au lecteur la densité des signes et des symptômes que le passé condense, de sorte que la lecture s'apparente à une opération de

---

1   MARCUS Ben, *The Flame Alphabet, op. cit.*, p. 252.

2   Claire et Samuel sont des Juifs sylvestres qui pratiquent leur foi dans une hutte située dans la forêt.

3   *Ibid.*, p. 282.

décryptage de la réalité pour celui qui lit le récit de Samuel. Ainsi, les relations familiales sont mises au jour pour faire découvrir au lecteur le manque d'écoute active dont Samuel s'était rendu coupable. Sa fille lui fait remarquer l'artificialité des échanges propres aux adultes et la vacuité de la communication qui est celle du père :

> Esther's allergy to ceremony was predicted by all the guides we'd half read about teenagers [...] Hello and good-bye and thank you to strangers; good morning and how are you. These phrases were insane to her. She would pick the simplest rituals [...] and wage dark war against them, scorning us mightily for caring about the exchange of niceties.
>
> "What have you learned, *Samuel*, when you've asked me how I am?" she sniped once.[1]

Pour l'adolescente, les formules de politesse et la courtoisie révèlent une communication vide de sens. En outre, son épouse lui reproche sa passivité et l'absence d'attention portée à l'autre : « *Listen for a change*, Claire's old admonition [...] She would say it as a joke, mocking the folk wisdom, emphasizing the phrase's secondary meaning—*if you desire change, then first you must listen*—[2] ». Son épouse l'exhorte à prêter attention au monde, comme condition préalable à tout échange. L'expression « *Listen for a change* » se lit comme un zeugma contenant un jeu de mots si l'on décompose la phrase en deux : « listen for » et « for a change », comme pour suggérer le reproche de ne pas tendre l'oreille, de ne pas procéder à une véritable écoute, « pour une fois ». Toute communication véritable semble résider dans la qualité de l'écoute.

Sur le plan personnel, Samuel tente de comprendre la rupture générationnelle entre sa fille et lui, rupture qui se manifeste notamment au niveau de la communication. L'effort de retisser un lien présuppose de l'introspection de sa part afin d'analyser le rôle qu'il lui revient d'assumer en tant qu'adulte et père. En effet, Esther lui reproche sa tendance à s'écarter du vrai ainsi que son incapacité à voir le monde tel qu'il est : « You are professional distorters, incapable of simply seeing a situation for what it is.[3] » Le récit serait donc une manière de renouer avec Esther par le biais d'une communication médiatisée par le temps révolu, sans pour autant céder à la nostalgie, car il entend éviter à tout prix la réalisation des prophéties de sa fille : « Years from now you will have distorted this moment, which is an awful moment, into something nice.[4] »

---

1   *Ibid.*, p. 34.
2   *Ibid.*, p. 60.
3   *Ibid.*, p. 102.
4   *Ibid.*, p. 102.

Au niveau métatextuel, le retour que Samuel fait sur les événements revêt un sens plus profond, car la visée est d'interroger tant la raison d'être de l'écriture que le rôle de l'écrivain comme observateur des signes du temps présent et des crises qui le traversent. Selon ses propres dires, Samuel se méfie des récits : « I don't care so much for stories[1]. » Si Samuel ne parvient pas à mieux résoudre le problème que le récit de sa vie pose, on est en droit de se demander pourquoi il l'écrit. Le récit peut-il toujours assumer une fonction de témoignage dans un monde saturé d'information, où la référentialité tend à s'estomper ? La parole contaminée des adultes n'est plus apte à raconter authentiquement le vécu. Cependant, le récit rétrospectif de Samuel se lit comme une critique oblique des penseurs de la crise qui voudraient privilégier les discours objectifs tout en écartant le témoignage personnel :

> Later philosophers of the crisis, like Sernier, would mock the poetics of all this. He'd decry the absence of facts, the vague and personalized anecdotes that inevitably pollute the possibility for real understanding. Personal stories, Sernier would say, are the most powerful impediment to any true understanding of this crisis. As soon as we litter our insights with pronouns, they spoil. Ideas and people do not mix.[2]

L'ironie sous-jacente de l'extrait laisse apparaître l'autorité supposée du discours objectif, propre aux sciences. Cependant, les histoires personnelles trouvent leur légitimité dans la capacité à configurer le réel. Les symptômes du temps proviennent des récits individuels dont la véracité réside essentiellement dans le ressenti authentique. L'unique appel aux faits et aux données quantitatives éliminerait certes la redondance et les bruits propres aux histoires personnelles (« personalized anecdotes ») augurant d'une société dont le fonctionnement tend à se régler sur celui des machines. L'aperçu donné par le roman suggère une compréhension du monde uniquement sous un angle objectif, car la présence des émotions serait synonyme de pollution (« inevitably pollute ») constituant une entrave à la véritable compréhension des pathologies du temps.

Toutefois, la fin du livre laisse entrevoir une vision dystopique de l'avenir, avec le triomphe d'un discours épuré de tout sentiment, tel que l'avaient souhaité les penseurs de la crise. Le narrateur se place dans l'attente et, de ce fait, le temps semble suspendu et emprunte les contours du rêve, où tout serait possible. Le silence que Samuel envisage pour les retrouvailles avec sa famille déplace le quotidien – conçu comme potentiel – dans un monde défait de la médiation du langage :

---

1 *Ibid.*, p. 42.

2 *Ibid.*, p. 39.

I spent the morning outside the hut waiting for Esther to return. I could have ventured after her, but there were too many directions she could have taken and it seemed safer to wait, since she would be back soon, I was sure. [...] When my family is together again I will not need to speak, to read, to write. What is there, anyway, to say? The three of us require no speech. We are fine in our silence. This is the world we prefer.[1]

À travers le silence que le personnage s'impose lorsque le récit touche à sa fin, le roman explore les symptômes du temps au niveau individuel et collectif. En effet, l'attitude sceptique face à la communication se justifie par l'incapacité de la langue à dire le réel dans sa totalité. L'absence de parole peut s'interpréter comme un choix radical pour rester dans le vrai. Le silence s'apparente-t-il à une forme de communication pure dans un monde médiatisé par la technologie ? Le roman se clôt sur un paradoxe pour faire apparaître une double contrainte : si l'on se soustrait au langage, on évite, certes, la corruption inhérente à toute forme de communication, mais on exclut en même temps les échanges qui rythment l'existence et le rapport à l'altérité. La vérité du témoignage du narrateur consiste précisément dans son geste d'écriture. Car l'écriture le désigne comme individu en mesure d'assumer sa responsabilité à travers l'aveu qu'il fait et qui le révèle aux yeux du lecteur. Exister en tant que sujet revient à se relier aux autres grâce à la parole, pour se situer au-delà de l'ici et du maintenant, pour se projeter dans un espace-temps potentiel afin de contourner le fantasme d'une nouvelle langue dont la technicité serait, paradoxalement, la preuve de son objectivité.

Vulnérabilité et viralité

Le roman questionne la mise en péril des relations interpersonnelles et la solidité des liens par le prisme des échanges avec autrui : « *Sharing*. What a tragic mistake[2]. » Les adultes se trouvent dans une position de vulnérabilité à cause du potentiel toxique que le langage des jeunes présente. Cette inversion des rôles permet au lecteur de repenser la notion de vulnérabilité, mais aussi la question des liens qui fondent la famille et plus largement la société : « most of what sickened us was came from our sweet daughter's mouth[3]. » Dans la diégèse, la crise épidémiologique sert à stigmatiser un certain âge de la vie, à savoir l'humain au moment de l'enfance et de l'adolescence : « *Your child will be the end of you[4]*. » Cependant, le narrateur

---

1 *Ibid.*, p. 288-289.

2 *Ibid.*, p. 213.

3 *Ibid.*, p. 11.

4 *Ibid.*, p. 13.

tente de se soustraire à cette logique expiatoire à travers la mise en avant des hypothèses explicatives, censées éclaircir le mal-être des adultes. Pour lui, la souffrance des adultes pourrait être un signe du vieillissement : « With no official diagnosis forthcoming, we troubleshot at home, white-boarding the safer explanations first. Maybe this wasn't a sickness so much as us getting older.[1] » Au demeurant, le roman revisite la notion de vulnérabilité à travers l'immunité symbolique que l'humain déploie contre les maux propres à la condition humaine. Dans cet univers fictionnel, personne ne peut se targuer d'être le plus vulnérable ou bien le plus fort. Le plus vulnérable n'est pas le malade, à l'image de Claire qui, bien que réduite au rôle de cobaye par les essais cliniques de son époux, se refuse à renier les liens qui l'attachent à sa fille. L'affection qu'elle porte à Esther lui procure la dernière dose de vigueur, alors que les soins que Samuel lui prodigue semblent pires que les maux dont elle souffre : « our medicine was making us worse[2]. »

Ainsi, la recherche des solutions à la toxicité du langage connaît plusieurs étapes qui semblent inacceptables sur le plan éthique, mais qui ouvrent des perspectives de lecture au niveau métaphorique. L'antidote serait un sérum provenant du corps des enfants. Cela est possible en raison des procédés technologiques d'extraction mis au point par les experts. Néanmoins, une lecture du roman au niveau symbolique renvoie l'humain au statut de « patient », étymologiquement parlant, car il semble désorienté et souffrant d'une langue contaminée par le langage quotidien, incapable de communiquer et de dire le monde. Puisque les enfants ne tombent pas malades, on peut supposer que leur langage ait des vertus thérapeutiques, en raison d'une parole moins corrompue, plus proche de la parole poétique. À la fin du livre, le narrateur trouve l'antidote tant recherché, appelé ironiquement « jeu d'enfant » comme pour suggérer le potentiel que contient le langage des jeunes : « From hyperventilation of a child [...] comes a residue in the lungs. Coughed up out of fear. And when this residue is refined of impurities, enforced with certain salts, then subjected to heat, it forms the foundation of our immunity. Child's Play. It lets the words back in, if briefly.[3] » Le caractère éphémère et fugace d'une parole authentique conforte également la lecture métaphorique, car il est question d'une *praxis* à renouveler en permanence.

Toutefois, la solution technique apportée au problème que pose la crise du langage interroge l'éthique de toute action thérapeutique et, plus largement, soulève des questions portant sur les avancées de la science au

---

1   *Ibid.*, p. 19.
2   *Ibid.*, p. 6.
3   *Ibid.*, p. 283.

détriment de l'humain. Ce dernier semble réduit à un simple rouage du système politique et idéologique qui l'englobe :

> On a side-mounted video monitor, the spectacle unfolded in close-up, but what the camera seemed most interested in was not the man or the child, but the apparatus that held the transparent business that I had thought was the man's IV bag.
>
> Indeed it was a bag of *fluid*, but it dangled from the little neck of the child, puckering from his skin into the tube.
>
> From this it flowed directly into the man.
>
> Allowing him to speak, one presumed.
>
> *A fluid drawn directly from the child.*
>
> Like most important solutions throughout history, this one seemed inevitable. Our own dear children, immune to the malady that is killing us all, must have within them a resistance that, *with a long enough needle*, our best scientists should be able to extract. Finding such a solution was just a matter of time.
>
> *Everyone will soon come over to this approach*, LeBov had said to me that freezing night back in the neighborhood.
>
> *It needn't cause any trouble. In the spirit of science.*[1]

L'extrait exige une lecture à la fois sur le fond et sur la forme. Tout d'abord, par la voix de Samuel, le lecteur assiste à un spectacle dont les effets de théâtralisation font apparaître au premier plan les acteurs principaux : l'appareil et la solution technique qu'il apporte. L'humain y joue le rôle d'un accessoire, au propre et au figuré : en l'occurrence, l'enfant, dans toute sa vulnérabilité, est réduit à une ressource exploitable ; il est un moyen servant à une fin qui le dépasse, dans l'esprit de l'idéologie du progrès : « *In the spirit of science* ». Le rythme que le discours fait entendre est saccadé, ponctué de phrases irrégulières, comme si le spectacle venait asséner au spectateur des coups brusques. De même, on apprend que toute solution technique est tributaire de la variable temporelle, car elle revêt un caractère inéluctable, faisant ainsi fi des considérations éthiques : « *a solution was just a matter of time* ».

Au-delà de l'aspect expérimental de la technique médicale utilisée, l'extraction du sérum n'apporte pas de véritable solution thérapeutique à la toxicité ambiante. Elle sert pleinement à mettre en scène et à diffuser cette pratique qui vise à déposséder l'humain de son corps. Dès lors, les procédures médicales mises en place s'inscrivent dans un système dont le fonctionnement a pour effet de neutraliser la capacité humaine à penser son action. Car les scientifiques, tels des automates, s'emploient à mettre au point les outils adéquats à la réalisation des exploits technologiques : « *with a long enough*

---

1 *Ibid.*, p. 191-192.

needle, our best scientists should be able to extract ». L'outil concentre toute l'attention et le soin dans ce passage, alors que l'ironie informe l'extrait, étant à la fois de nature verbale et situationnelle ; par l'emploi des italiques, elle est aussi visible au niveau graphique. Au niveau lexical, l'utilisation des termes affectueux jette la lumière sur le décalage à l'œuvre entre le signifiant et le signifié : « the *little* neck of the child », « *Our own dear* children » (mes italiques). L'incurie relative à l'humain sidère. En outre, l'emploi du terme générique « business » active un réseau de significations à valeur dépréciative servant à indiquer l'inconvenance et l'indécence sous-jacentes, en l'absence de la parole adéquate, comme pour suggérer le retard du *logos* sur le faire. Cependant, le spectacle auquel le lecteur est convié semble être surpassé par le pouvoir du langage et les effets que la rhétorique produit. Cette exhortation à la quiétude, « dans l'esprit de la science », fonctionne comme une paralipse puisque, précisément, elle est source d'appréhension dont le but est d'éveiller l'attention du lecteur et de susciter la réflexion. Par prétérition, le langage dit davantage que ne le fait l'appareil idéologique à travers l'orchestration soigneuse des images spectaculaires.

Corps-objet dans le dispositif de pouvoir

Dans le roman, Forsythe constitue un espace concentrationnaire aux frontières mouvantes : « we looked like prisoners[1] », alors que les figures d'experts qui le peuplent soulignent l'interdépendance du politique et de la technoscience. Ils laissent apparaître l'emprise du politique sur la sphère du savoir dans le but de contrôler « la vie nue » (Giorgio Agamben[2]). Se trouvant quelque part dans l'État de New York, Forsythe s'insère dans la géographie du réel, tout en se situant à l'écart de la vie en société :

> Forsythe was not a government structure with its typical transparent woods [...] Forsythe was, instead, just a high school, a research lab embedded within the old educational structure. [...] The name of the school was covered now in a swipe of rust. [...] Someone grabbed my keys and the taillights of my car squirreled through the nighttime air, then disappeared around a building.[3]

---

1 *Ibid.*, p. 163.

2 Dans *Homo sacer I. Le pouvoir souverain et la vie nue*, Giorgio Agamben met en évidence le renversement produit par l'entrée de la vie naturelle, *zoé*, dans le champ du politique. Il souligne la différence entre *zoé* et *bios* : « Les Grecs ne disposaient pas d'un terme unique pour exprimer ce que nous entendons par le mot vie. Ils se servaient de deux mots qui, bien que pouvant être ramenés à une étymologie commune, étaient sémantiquement et morphologiquement distincts : *zoé*, qui exprimait le simple fait de vivre, commun à tous les êtres vivants, et *bios*, qui indiquait la forme ou la façon de vivre propre à un individu ou à un groupe. », AGAMBEN Giorgio, *Homo sacer I. Le pouvoir souverain et la vie nue*, *op. cit.*, p. 9.

3 *Ibid.*, p. 150.

L'incapacité du narrateur à donner une définition précise de cet espace participe de l'indétermination du pouvoir oppressif qui s'exerce sous couvert d'anonymat. Les mesures sanitaires s'apparentent davantage à des mesures punitives et Forsythe n'est pas tout à fait ce qu'il semble être : ressemblant à un établissement scolaire, implanté dans un milieu à première vue innocent, il se mue en laboratoire de recherches où la frontière entre la vie et la mort est ténue ; le patient sert de cobaye et endosse le rôle de victime sur laquelle s'exerce une forme de violence institutionnalisée. En effet, la violation de l'intégrité de la personne s'apparente à une blessure à la fois physique et morale :

> A salted object filled my mouth. Someone shoved it deeper, his fist jammed into my face, as if he was trying to hide his whole arm in my body [...] When my lungs were empty, he squeezed, as if his thumb and finger might meet inside my body. I believe he succeeded. [...] He left me in a heap on the floor.[1]

On ignore le caractère thérapeutique ou expérimental du traitement, toutefois la description laisse entrevoir la violence palpable de la scène. Le corps devient presque dépourvu de subjectivité, car il se mue en un amas de chair et d'os. En outre, la souffrance va de pair avec la perte de repères : « I tried to keep my sense of direction throughout this interior maneuvering.[2] » L'espace mortifère se comprend uniquement au niveau de la subjectivité, car Samuel tente d'assigner une valeur à l'expérience subie pour donner un sens aux mots auxquels il n'a pas accès. Pour lui, la source du salut réside dans les échanges imaginaires qu'il a avec son épouse, par le lien affectif qui les unit. Symboliquement, il se voit comme mort, attitude qui le pousse à une tentative désespérée de se déterrer de l'univers qui l'opprime : « dig yourself out »[3].

Par le caractère expérimental des traitements prodigués sur le vivant et par l'écart qui s'instaure avec la déontologie médicale, ce pouvoir participe de la « thanatopolitique[4]. » Le corps réifié comporte une valeur éminemment quantitative et technologique et, de ce fait, il est perçu comme un assemblage de données derrière lesquelles l'intériorité s'estompe. Dans l'absence de tout consentement éclairé, Samuel n'acquiert pas le statut de patient. Son

---

1 *Ibid.*, p. 151.

2 *Ibid.*, p. 151.

3 *Ibid.*, p. 152.

4 Dans *Homo sacer I*, Giorgio Agamben interroge l'influence du pouvoir décisionnel du système politique sur l'existence de l'individu. Selon le philosophe italien, la décision sur la vie peut se métamorphoser à tout moment en une décision sur la mort : « Dans tout État moderne, il existe un point qui marque le moment où la décision sur la vie se transforme en une décision sur la mort, et où la biopolitique peut ainsi se renverser en thanatopolitique. Aujourd'hui, ce point ne se présente plus comme une frontière fixe, divisant deux zones clairement distinctes : il s'agit plutôt d'une ligne mouvante qui se déplace dans des zones de plus en plus vastes de la vie sociale, et dans lesquelles le souverain agit de plus en plus en symbiose non seulement avec le juriste, mais aussi avec le médecin, le savant, l'expert et le prêtre. », *Ibid.*, p. 132.

supplice révèle l'entreprise pseudo-médicale mise en place par le système. Ainsi, le narrateur comprend qu'il est à la fois victime et tortionnaire, à son insu. Dans cet univers privé de repères fixes et de toute responsabilité, c'est la fragilité humaine qui est mise à nue :

> The man tugged at the earphones, righted himself, and shook his head, trying to tear them free, but they were fastened tight. [...] He was the first of many I would see. I would never learn what they called them, since naming of this sort had no application anymore, and anyway could not be shared. *Volunteer, test subject, language martyr*: tasked out for experiments to test the toxicity of languages being devised by people like me. [...] I did not look at his face very carefully, but I would see him again. And again. And again. [...] The voice pumping poison into his body may as well have been my own.[1]

L'extrait fonctionne comme une mise en abyme du système : l'occupant de chaque niveau est simultanément la victime et le tortionnaire de ceux qui se situent à des étages différents. Dans cet extrait, Samuel ne parvient pas à bien apercevoir le visage du supplicié ; l'homme reste dans l'anonymat pour revêtir une valeur de généralité, renvoyant à d'autres itérations. La difficulté d'assigner un terme adéquat pour définir le statut de ces individus souligne l'absence d'identité et met en exergue le caractère contingent de la situation faisant apparaître un effet de parallaxe. En effet, le nom à attribuer à cet individu générique dépend de la position que l'observateur occupe : « *Volunteer, test subject, language martyr* ». Le narrateur s'identifie lui-même comme source potentielle de torture et l'aveu de l'acte tourmente son esprit : « I would see him again. And again. And again. » La répétition et la juxtaposition des termes forment une boucle indiquant la stase et l'emprisonnement sous-jacents.

La scène suggère l'ingérence du système dans la vie de l'individu qui se manifeste à travers le déferlement des mots toxiques absorbés par l'humain. Si, dans la *Politique*, Aristote définit l'homme comme « le vivant qui a le langage », Forsythe incarne alors une forme de biopouvoir visant à rompre les liens qui attachent l'humain à soi-même et aux autres, et qui lui permettent de dire authentiquement l'expérience qu'il fait du monde.

Dans l'attente d'un futur désirable

Dans *The Flame Alphabet*, la crise sanitaire se mue en crise familiale, politique et médiatique du fait de l'impossibilité d'expliquer l'étiologie de la maladie sur des bases objectives et scientifiques. Le texte invite à une lecture du jeu des apparences. Nommer le mal, s'y opposer, admettre la source

---

1 MARCUS Ben, *The Flame Alphabet, op. cit.*, p. 164.

inavouable, adopter des règles de conduite, tout cela implique un examen de l'être et du paraître : « The evidence was mounting, but I seemed to have a pact against insight, a refusal to name my poison[1]. » Le poison dont le contemporain souffre s'apparente à une langue qui corrompt, créant ainsi des illusions autogénératrices d'illusions qui s'emparent de la totalité de l'univers fictionnel. Métaphore de la lecture des signes, le roman explore le rôle de médiation qu'assume la langue dans sa qualité ambivalente, à la fois comme système de signes qui fondent les interactions humaines et comme vecteur d'illusions parasitant la réalité.

La narration à rebours se justifie aux yeux du personnage-narrateur par le besoin de raisonner et d'expliciter les motifs de la catastrophe. Samuel fait appel à une pensée abstraite pour comprendre le vécu. Trouver une explication, c'est raisonner en termes logiques, en cherchant les liens de cause à effet, en s'appuyant sur la démarche scientifique afin de trouver l'étiologie de la maladie. À défaut de résultats probants, on met en place un conte étiologique, on cherche à trouver de la sagesse en puisant dans les textes sacrés, les fables et la mythologie : « What are the operative motifs from mythology when parents take leave of a child? Is there not some standard departure imagery offered by the fables ?[2]" La valeur pédagogique de la fable serait alors en mesure d'illustrer une vérité morale mieux qu'une démonstration scientifique rigoureusement prouvée.

Le lien entre croyance et science est ainsi interrogé pour dévoiler l'incapacité d'un seul et unique discours à préfigurer le monde. Le roman donne un aperçu de la capacité de la science et des technologies à apporter des réponses quantitatives aux maux qui touchent l'humain, tout en avouant indirectement leur impuissance devant la vulnérabilité de l'existence : « As our tools of detection improve, we see more symptoms[3] ». Privé de ses prophètes, le monde ne sait plus lire les signes avant-coureurs et les symptômes des affections qui s'emparent de lui : « What a fine bit of foreshadowing that all would have been. But our neighborhood was failing to foreshadow.[4] »

Si l'espace familier et communautaire se voit déserté par la langue, quel serait le devenir de l'humain ? Certes, l'Homme de demain sera en mesure d'apporter des solutions technologiques aux problèmes qui l'affligent sans pour autant résoudre le dilemme de sa condition humaine :

---

1 *Ibid.*, p. 20.
2 *Ibid.*, p. 8.
3 *Ibid.*, p. 30.
4 *Ibid.*, p. 9.

In a thousand years, perhaps, our descendants might evolve into creatures with a morsel of understanding at their core, some insight to untangle their gnarled dilemma, but for now, at this moment in our unevolved history, we were blessed with no skill for diagnosing our withered, exhausted state.[1]

Bien que résolu scientifiquement, le problème ne le sera pas forcément sur le plan humain. Ainsi, l'épidémie sert à mettre en évidence la vulnérabilité de la vie et les symptômes du temps présent. Chez Ben Marcus, l'existence se lit comme la gestion des crises qui la traversent. Le dispositif narratif laisse apparaître la maîtrise imparfaite et le bonheur que procure l'ignorance : « blessed with no skill for diagnosing our withered, exhausted state ». En attendant le miracle technologique, seul à même de résoudre les maux de l'existence, le lecteur réinterroge le pouvoir du langage.

Bibliographie

AGAMBEN Giorgio, *Homo sacer I. Le pouvoir souverain et la vie nue*, Paris : Éditions du Seuil, 1997.

AGAMBEN Giorgio, *Homo sacer II. L'état d'exception*, Paris : Éditions du Seuil, 2003.

AGAMBEN Giorgio, *Homo sacer IV. L'usage des corps*, Paris : Éditions du Seuil, 2015.

AGAMBEN Giorgio, *Qu'est-ce que le contemporain ?*, Paris : Éditions Rivages poche, 2008.

ARISTOTE, *La politique*, traduction de J. Tricot, Paris : Éditions Librairie philosophique J. Vrin, 1995.

BAUER Sylvie et TISSUT Anne-Laure (dir.), *La Vérité en fiction*, Saint Denis : Presses Universitaires de Vincennes, 2012.

ENGELIBERT Jean-Paul, *Fabuler la fin du monde. La puissance critique des fictions d'apocalypse*, Paris : Éditions La Découverte, 2019.

FOUCAULT Michel, *La Volonté de savoir*, Paris : Éditions Gallimard, 1976.

GRIMALDI Nicolas, *L'inhumain*, Paris : Éditions Presses Universitaires de France, 2011.

JONAS Hans, *Le Principe de responsabilité*, Paris : Éditions Flammarion, Collection Champs Essais, 2013.

MARCUS Ben, *The Flame Alphabet*, London : Granta Books, 2013.

WEBER Max, *Le savant et le politique*, Paris : Éditions 10/18, 2002.

---

1   *Ibid.*, p. 18.

From the *Unheimlich* to the new *Heimlich*: rereading Margaret Atwood's *Maddaddam* trilogy from the perspective of Covid-19

Helen E. Mundler

Maître de conférences HDR, Université Paris-Est Créteil
Laboratoire FAAAM (CREA), Université Paris-Ouest La Défense

Context

Since the beginning of the Covid-19 pandemic, many researchers in different disciplines have entered into an unexpected and uncomfortably direct relationship with a part of their field of study, and have used the objects they study as prisms for the contemplation of current events. In Atwood's *Maddaddam* trilogy (2003-2013), a long and complex rewriting of the Old Testament Noah myth, the pandemic is the future event to which the already slightly futurized present of the novels tends. The central disaster of Atwood's trilogy is the Waterless Flood, a human-engineered pandemic which ends normal life for human beings on earth, leaving only a few pockets of survivors. By deploying the pandemic trope Atwood joins, as William Marx shows, a very ancient literary tradition of using universal sickness to signify "a kind of cosmic, moral and human disorder[1]."

A great deal of criticism has already been produced on Atwood's trilogy, but rereading it from the perspective of our own pandemic, Covid-19, brings the opportunity for new perspectives. Even if Covid-19 seems, at the time of writing (early 2021) to have been domesticated and tamed through familiarity and the resignation to "living with it", the shock, fear and sense of the world as suddenly unfamiliar brought about by the beginning of the pandemic invited a new approach to these texts. Moreover, the perspective of the real-life pandemic – arguably a dystopian situation – could also be brought to bear on Atwood's earlier and best-known work, *The Handmaid's Tale* (1985). This novel is

---

1 MARX William, "Dans le cas des pandémies, l'humanité devient un personnage littéraire", *Télérama*, 16 may 2020 (translation mine).

concerned with the sudden withdrawal of civil liberties, the hasty application of new laws, the normal-to-abnormal slide of dystopian fiction, which Atwood calls "ustopia[1]". Aside from its relationship with the reality of the Covid-19 restrictions, *The Handmaid's Tale* spills over into Atwood's trilogy in a number of ways – dystopian fictions by the same author cannot help but echo each other – and the restrictions imposed on society, the curtailment of what had seemed like normal freedoms, is very present in the trilogy too. Identity cards are required to go in and out of the Compounds, the Compounds are closed to Pleeblanders, and so on. While the real-life Covid-19 pandemic may lead critics to read and theorise Atwood's trilogy differently, and while the first reaction for any reader of the trilogy as the pandemic broke was very likely to reference the Waterless Flood, *The Handmaid's Tale* can also be considered a present and relevant point of reference.

However, the most pertinent point about the earlier novel is its sense of strangeness within the familiar, its deployment of the uncanny. This is furthered in the trilogy. It may be argued that strangeness is inherent to speculative fiction, which is always characterised by a doubleness, setting itself a little in the future to comment on the present. Without rehashing the debate about whether or not Atwood's work should or should not be considered science fiction[2], it may be said that the many scientific innovations in the trilogy – from gene-splicing to create pigoons, rakunks and other hybrids, through the age-reversing technologies touted by AnooYoo to the engineering of the JUVE killer virus – contribute to a sense of an upset and unsettled world, in which definitions of what it means to be human, and distinctions between human and animal, have slipped, and in which perception is constantly, and uncomfortably, shifting. But what concerns me here with regard to the "threshold" between realist fiction and science fiction (or speculative fiction, or fantasy, or whichever label we wish to put on it) is not scientific innovation, but the sense of otherness and strangeness with which the vision of a future characterised by scientific developments allows the world to be imbued, both before the Waterless Flood, breaks, and afterwards.

The general thrust of this article will be to examine how rereading Atwood's trilogy from the perspective of Covid-19 has changed my approach to it. I have deployed theories of the uncanny to trace through the movement form the *Unheimlich,* as discussed by Freud in his 1919 essay, to what I term the new *Heimlich.* To do this, I will first compare the pandemic in the trilogy with the Covid-19 outbreak. Secondly, I will highlight the continuity within

---

1   ATWOOD Margaret, *In Other Worlds: Science Fiction and the Human Imagination*, 2011, p. 64.
2   See *ibid.*, p. 1-8.

the discontinuity of Jimmy's plight, for while on first reading it may seem that he suddenly finds himself alone in the world at the beginning of *Oryx and Crake* and that he loses his home and any possible sense of home because of the pandemic, close reading shows that he can be understood to have already been alone. Thirdly, I will look at how Jimmy can be considered not only alone before the pandemic, but also "homeless", showing how Jimmy's situation, and that of the other characters to some extent, can be linked to the uncanny, using theories of the nuclear uncanny to make a parallel with the pandemic, and showing how *Oryx and Crake* takes place in a totalized uncanny in which the characters are waiting for the end of the world. Fourthly and lastly, I will examine the animistic aspect of Freud's theory of the uncanny in order to analyse the new *Heimlich* within the *Unheimlich*, with the setting up of "home" in the last volume of the trilogy. I will show that there are diminishing degrees of the *Unheimlich* as the trilogy progresses and reaches its end, and the human survivors learn to live with, or within, the effects of the pandemic, and the Crakers accumulate the lore they need to live out their lives meaningfully.

Crake's pandemic

The pandemic in Atwood's trilogy, the hyperbolic name of which, Jetspeed Ultra Virus Extraordinary, or JUVE, corresponds to its hyperbolic reality, is both comparable and incomparable to Covid-19. In that it is masterminded by one specific person, the young maverick scientist Crake, and kills almost the entire population of the world, it is very much removed from the reality we are currently facing, but elements of it nonetheless remain recognisable from the perspective of Covid-19. For example, as the virus hits, Jimmy watches the television news:

> Who's next, Brad? When are they going to have a vaccine?
>
> Well, Simon, they're working round the clock from what I hear, but nobody's claiming to have a handle on the thing yet. It's a biggie, Brad.[1]

There are some very striking parallels between JUVE and Covid-19, and Oryx and Crake brings a sense of *déjà vu*, with the vaccine question followed by a description of the spiked appearance of the virus, the naming of it, and the doubts about its provenance – all of which correspond to real events and processes in 2020 and 2021. However, the JUVE pandemic is drastically accelerated in relation to the reality of Covid-19, which took months to get going, with the emergency in China playing out in autumn 2019, and the first lockdowns in much of Europe not being enforced until March 2020. The

---

1   ATWOOD Margaret, *Oryx and Crake*, 2003, p. 341.

JUVE pandemic, as a science fiction trope, can move much more quickly and dramatically; it is much more absolute, much more literary, than slow, messy reality: it is, as it were, distilled and crystallised, and it neatly vehicles apocalyptic fears, as this particularly memorable part demonstrates:

> One of the privately run Web sites showed a map, with lit-up points on it for each place that was still communicating via satellite. Jimmy watched with fascination as the points of light blinked out.[1]

These quotations, with their images of death and destruction, while describing a reality very much worse than ours, give a sense of a very clear divide between Before and After which many people seem to have felt, and many newspaper articles highlighted, in the time of the first wave of lockdowns due to Covid 19, when *"le monde d'après"* became a current phrase, with the implication that it would be nothing like the world before. Covid-19 has brought a sense of living through what James Berger understands as one of the many "holocausts" preceding the final end[2]. With the pandemic – and we are very much living *with* the pandemic, the virus as a sort of co-existing organism with which we suddenly share everything – there is the sense of being in one of those times, caught up in one of those events, which is an end of the world, a prelude to Apocalypse or a rehearsal for it. But while literary critics (Frank Kermode, James Berger, Theresa Heffernan) have given us an awareness of the need for the structuring idea of apocalypse, and while arguments have been advanced for the positivity of endings, for their necessity to structure the creative imagination, for their proof of faith in a higher order (Heffernan writes of Kermode's use of the apocalypse as being about "resolution and revelation mini-expressions of a faith in a higher order or ultimate pattern[3]"), the disconnect between intellectual awareness and screaming one's despair into the sky, as Jimmy does, is striking ("Crake! [...] Asshole! Shit-for-Brains! [...] You did this!'" cries Jimmy[4].

Jimmy alone in the world: the continuity within the discontinuity

Jimmy/Snowman, at the beginning of *Oryx and Crake*, appears to be in a state of deep shock: "Snowman wakes before dawn [...] He would so like to believe he is still asleep [...] 'Calm down', he tells himself[5]". He receives, as if

---

1 *Ibid.*, p. 342.

2 BERGER James, *After the End: Representations of Post-Apocalypse*, 1999, p. 22.

3 HEFFERNAN Teresa, *Post-Apocalyptic Culture: Modernism, Postmodernism and the Twentieth-Century Novel*, 2008, p. 4.

4 ATWOOD Margaret, *Oryx and Crake*, op. cit., p. 11-12.

5 *Ibid.*, p. 3.

by some inner system of transmission, a quotation about the desirability of "strict adherence to daily routine[1]", and then the first chapter ends very strikingly on a forgotten quotation: "'In view of the mitigating,' he says. He finds himself standing with his mouth open, trying to remember the rest of the sentence. He sits down on the ground and begins to eat the mango.[2]"

This silencing of something apparently very well-anchored recalls a fragment from the end of *Lord of the Flies*, also a story of experiences so terrible that at times they defy or erase language. In Golding's novel, one small boy who has been taught by his parents to recite his name, address and telephone number[3], finds that this information is no longer available to him:

> Other boys were appearing now, tiny tots some of them, brown, with the distended bodies of small savages. One of them came close to the officer and looked up.
>
> "I'm, I'm –"
>
> But there was no more to come. Percival Wemys Madison sought in his head for an incantation that had faded clean away[4].

Jimmy's state is not very different: "There are a lot of blank spaces in this stub of a brain, where memory used to be[5]", and has also lost the trappings of civilization, dressed in a "dirty bedsheet[6]", and aware that he "stink[s][7]". He is not in any way prepared – he could never be fully prepared for an event in which practically the entire human population of the world is wiped out – and his shock is commensurate with the enormity of these events. He is faced with the complete and definitive collapse of all economic activity, the abandonment of all infrastructure. But more than this, the point can be made that Jimmy is an extreme example of the almost universal unpreparedness for a pandemic, and also an extreme example of the offloading by the state onto the individual of such preparations. Jimmy's previous position in society is as telling here as his terrible situation after the Waterless Flood hits, and he finds himself alone in the world except for the Crakers. In her essay entitled "Narrating the coming pandemic" (2014), Penelope Ironstone-Catterall, although she does not specifically mention the Atwood trilogy, makes the point that responsibility for dealing with a pandemic has been offloaded by governments onto the individual (the word

1 *Ibid.*, p. 4.
2 *Ibid.*, p. 5.
3 GOLDING William, *Lord of the Flies* [1954], 1996, p. 108.
4 *Ibid.*, p. 247.
5 ATWOOD Margaret, *Oryx and Crake, op. cit.*, p. 4-5.
6 *Ibid.*, p. 4.
7 *Ibid.*, p. 7.

"citizen" is no longer appropriate in a world in which government, policing and security have been taken over by private companies), and Jimmy's extreme and absolute isolation can be read as a corollary of this.

To shift from Atwood's fictionalised, near-future of the USA to recent reality in the UK, a *Guardian* article published near the beginning of the pandemic, when the UK government was much criticised for its slowness to react, argued that this reluctance to protect the population was nothing new, and that during the Cold War, the government did not build shelters for the British population, feeling that the only useful defence was to have their own nuclear bomb, and that, somewhat chillingly, the money was better spent elsewhere[1]. Moreover, the cynicism of the Protect and Survive campaign, which gave a semblance of reassurance that the public would be able to protect itself from the effects of a nuclear bomb, has been much analysed in recent years. Daniel Cordle comments, in his book on Cold War literature, "[P]rotect and Survive [...] served ultimately, if inadvertently, to highlight the vulnerability of ordinary citizens in a decade in which the threat of nuclear war came to seem more urgent[2]". Seen from this point of view, Jimmy's aloneness faced with the pandemic does not mark a break with the past, but rather a continuity.

Ironstone-Catterall references popular science books supposed to help with pandemic preparedness, categorising them as "self-help" books: "It is no mistake that *you* are the one who needs to know, to be prepared, *when,* not *if,* the big one hits", she emphasises[3], before going on, "In many respects, these are self-help books that appeal to the neo-liberal demand that citizens govern themselves, become responsible for their own management, and adjust their behaviours at the same time as the state withdraws from a number of arenas, including health care[4]". The world in which Jimmy lives before the Waterless Flood hits is very much defined by this kind of ultra-liberal approach to government, and his exaggerated situation afterwards functions, as so often in speculative fiction, an eloquent comment on reality. Furthermore, self-help books are of particular relevance to Jimmy since he wrote his college dissertation on "self-help books of the late 20th century", and brings to the post-JUVE world a jumble of quotations from these texts

---

1 EDGERTON David, "When it comes to national emergencies, Britain has a tradition of cold calculation", *The* Guardian [online] 17th March 2020.

2 CORDLE Daniel, *Late Cold War Literature and Culture: The Nuclear 1980s*, 2017, p. 10.

3 IRONSTONE-CATTERALL Penelope, "Narrating the Coming Pandemic: Pandemic Influenza, Anticipatory Anxiety and Neurotic Citizenship", *in* CROSTHWAITE Paul (ed.) *Criticism, Crisis and Contemporary Narrative: Textual Horizons in an Age of Global Risk*, 2014, p. 84.

4 *Ibid.,* p. 85.

(see the example above about "the strict adherence to daily routine[1]").
Looking at the pre-JUVE society as one in which people are expected to be
self-governing puts Jimmy's interest in self-help in a new light: while the
term can be used to refer to self-improvement of all sorts, most often
emotional, it is also strongly associated with Samuel Smiles, who used the
term to promote self-improvement in terms of education and social mobility
so that each individual could contribute a maximum to the state, while
expecting a minimum from it.

The pre-JUVE temporal layer of *Oryx and Crake* depicts and decries that
previous situation, in which people were expected to "govern themselves"
against the background of a small and increasingly shrinking state. Jimmy is,
of course, "Compound", and enjoys the privileges, including healthcare,
commensurate with that status, even if as a "word-person" he is at the lower
end of the scale, but in *The Year of the Flood* Toby's family cannot afford
private healthcare, which is a factor in the death of her mother: "Nobody
could get public wellness coverage unless they had no money of their own
whatsoever. Not that you'd want to go to one of those public dump bins
anyway[2]". In a similar vein, in *Oryx and Crake*, there is a reference to state
school: "those dump bins they still called 'the public system[3]'". The fact that
Jimmy finds himself in the wake of the Waterless Flood completely self-
governing, and utterly alone in the face of the enormity of what has unfolded
around him, serves to refer backwards, providing a different frame of
reference for the past of the trilogy (which in relation to the reader is a near-
future) and highlighting another aspect of the multi-faceted socio-economic
commentary on the real world of the reader made by Atwood's trilogy.

Jimmy, home and the Unheimlich: *reaching towards the uncanny*

While Jimmy is taken unawares by the pandemic, which makes him lose
any sense of being anchored in the world, his loss of home and, I will argue,
of the *Heimlich*, is a process which also begins long before the JUVE
pandemic hits. By the time of the opening of *Oryx and Crake,* Jimmy has
completely lost any sense of home: he becomes finally able to tell the Crakers
that the shoreline is "called home[4]", something which does not occur,

1 ATWOOD Margaret, *Oryx and Crake, op. cit.*, p. 4.

2 ATWOOD Margaret, *The Year of the Flood*, p. 26.

3 ATWOOD Margaret, *Oryx and Crake, op. cit.*, p. 174.

4 *Ibid.*, p. 354.

significantly, until almost the end of the novel, but there is nowhere in the world which would be able to accommodate the sort of life he knew before the JUVE outbreak.

However, Jimmy's loss of "home", like his loss of protection as a citizen, can be understood as being incremental rather than a once-and-for-all event – in fact, he has never really had a very homely homelife. The houses he lives in as a boy in the Modules (which are placed outside the Compounds, and function as enclosed enclaves) have something ersatz about them, and hardly correspond to one of Freud's descriptions of the *Heimlich* as "familiar, friendly, intimate[1]". They have no real link with history, geography, community, and so on, constituting rather a meaningless pastiche of periods, styles and reference to place, which seem to have been arbitrarily recoded into new calibrations of desirability, as the following passage shows:

> When Jimmy was really little they'd lived in a Cape Cod-style frame house in one of the Modules [...] but now they lived in a large Georgian centre-plan with an indoor swimming-pool and a small gym. The furniture in it was called reproduction[2].

The narrator emphasises that the point about reproduction is that Jimmy's home is an imitation of something else that existed, elsewhere, at a different time: "Jimmy was quite old before he realised what this word meant – that for each reproduction item, there was supposed to be an original somewhere. Or there had been once. Or something[3]". Jimmy's mother, Sharon, who plays a similarly disruptive role to that of Offred's mother in *The Handmaid's Tale*, rebelling against the regime and paying the price for her rebellion, comments that it is "all artificial [...] just a theme park[4]". All this confers on Jimmy's boyhood a sort of strangeness, an unreality, which is in itself *unheimlich*: he is caught in a hackneyed idea of the past, a "historicism", defined by "the play of random stylistic allusion", so that the world is "transformed into sheer images of itself[5]" but the actual past is inaccessible. In other words, once more we see that Jimmy symbolically inhabits a sort of limbo, long before the JUVE pandemic hits, rather than being cast into limbo by the JUVE pandemic.

It is striking also that the "homes" in question seem to serve above all as containers to protect the highly-skilled scientists from needing to have

---

1 FREUD Sigmund, "The Uncanny" [1919], *An Infantile Neurosis and Other Works*, 1957, p. 225.

2 ATWOOD Margaret, *Oryx and Crake, op. cit.*, p. 26.

3 *Ibid.*, p. 26.

4 *Ibid.*, p. 27.

5 JAMESON Fredric, *Postmodernism: Or, the Cultural Logic of Late Capitalism*, 1991, p. 18.

anything to do with the outside world. As Jimmy's boyhood goes on, more and more of these people are moved from the Modules into the Compounds, and "Compound people didn't go into the cities unless they had to[1]". There is thus almost no relationship between the "homes" and the surrounding areas, so that the inhabitants live out their lives in a strangely sterile atmosphere that almost recalls Seahaven in *The Truman Show*, the artificial studio set which Truman Burbank takes for the whole world, since from birth he has been carefully shielded from the knowledge of the existence of any other kind of reality[2]. While for Jimmy's parents, particularly his mother, who "repines" for the past – to use one of Jimmy's preferred words – this odd new way of arranging the world might give rise to a feeling of the uncanny in that two different versions of the world are visible at the same time, the old still present in the new. Jimmy, however, has only even known this new version of the world. What might be true of his experience is what Laflen says of Crake's: that he inhabits Baudrillard's concept of hyperreality, in which there is "a decline of strong referentials" in an "age of simulation[3]". Laflen writes as follows:

> The characters inhabit the type of new media reality described by Jean Baudrillard as "hyperreality," where reality is subordinate to representation. According to Baudrillard, [abstraction today is no longer that of the map, the double, the mirror or the concept. Simulation is no longer that of a territory, a referential being or a substance without origin or reality: a hyperreal. The territory no longer precedes the map, nor survives it. Henceforth, it is the map that precedes the territory[4].

The lack of homeliness Jimmy experiences in his childhood is not, however, simply a matter of the physical spaces in which he lives, but is also predicated on his mother, if we take the function of mother as a physical embodiment of home. Sharon is not particularly motherly: she has episodes of unpredictable and difficult behaviour, presumably linked to depression or some other painful mental state, but since these are described from the young Jimmy's point of view, rational diagnosis does not feature, and when, as Snowman, he looks back on this time, he remembers it from the point of view of himself as child rather than reinterpreting it as an adult. The mother-child scenes he recalls are deeply sad, as illustrated by the following example in which Jimmy tries, and fails, to court Sharon's good graces:

1 ATWOOD Margaret, *Oryx and Crake*, *op. cit.*, p. 27.

2 WEIR Peter, *The Truman Show* [film], 1998.

3 BAUDRILLARD Jean, *Simulacra and Simulations*, 1994, p. 43.

4 LAFLEN Angela, "'There's a Shock in This Seeing': The Problem of the Image in *The Handmaid's Tale* and *Oryx and Crake*", *Amerikastudien / American Studies*, Vol. 54, n° 1, *Appropriating Vision(s): VisualPractices in American Women's Writing*, 2009, p. 108.

Snowman had a clear image of his mother – of Jimmy's mother – sitting at the kitchen table, still in her bathrobe when he came home for lunch. [...] She sounded so tired; maybe she was tired of him. Or maybe she was sick.

[...] More than anything, Jimmy had wanted to make her laugh, to make her happy, as he seemed to remember her being once. He would tell her funny things that had happened at school [...] He would caper around the room

[...]"Stop it Jimmy, you're giving me a headache[1]".

Indeed, Sharon's unmotherly behaviour finally extends to abandoning Jimmy, leaving him first to the tender mercies of "two cast-iron CorpSeCorps women[2]" who try to pump him for information about Sharon while going through the motions of looking after him, and then in due course to those of Ramona, Jimmy's father's second wife, who makes Jimmy feel "invisible", since the couple has no desire to accommodate a child[3].

Nor does "home" get appreciably better for Jimmy in adult life, or at least not until he moves into Crake's compound, not long before the pandemic. At Martha Graham, his digs are in keeping with the campus, which is "falling apart[4]", and composed of leaking "Bilbao-ripoff cast concrete buildings[5]", a clear indication of the lack of importance accorded to arts subject in a word dominated by hard science. Jimmy's first "dorm suite" consists of "one cramped room either side, silverfish-ridden bathroom in the middle[6]", and there is no indication that his new room (he moves out of the dorm suite because he cannot bear the God's Gardener, Bernice) is any better[7].

His first graduate job comes with accommodation, which is usual in a world where universities, even poorly-considered ones, launch their graduates into Compound life on their own account. Jimmy's flat is described as a "junior apartment" – with "bedroom in an alcove, cramped kitchenette, reproduction 1950s furniture. The narrator comments, "As a dwelling place it was only a small step up from his dorm room at Martha Graham[8]". However, his suite inside the Paradice dome, to which Crake summons him in due course to write advertising copy for the Crakers, is far superior. Jimmy finds all his belongings and more unpacked into it, and his

---

1   ATWOOD Margaret, *Oryx and Crake*, *op. cit.*, p. 31.

2   *Ibid.*, p. 64.

3   *Ibid.*, p. 66.

4   *Ibid.*, p. 185.

5   *Ibid.*, p. 186.

6   *Ibid.*, p. 188.

7   *Ibid.*, p. 189.

8   *Ibid.*, p. 248.

needs and desires catered to: "the air conditioning was set at the temperature he liked it, and a tasty snack [...] was set out on the dining-room table". Jimmy is struck by the table – "He'd never had a dining-room table before[1]", but however comfortable these quarters are by their very nature both impersonal, and temporary, being tied to a job. Moreover, throughout these developments, Jimmy, although from high school onwards he is much run after by his contemporaries, does not manage to form a steady, loving relationship with a woman or to get married, which might perhaps have helped to attenuate the loss of his mother.

My overarching point here is that Jimmy does not start off from much of a baseline when it comes to home, and that the unhoming that he subsequently experiences following the JUVE pandemic, or Waterless Flood as it becomes known in *The Year of the Flood*, can be traced back to an already heightened level of disaffection, just as the pre-pandemic world in the trilogy is a heightened version of our own late-capitalist trope. Jimmy's sense of home can be read as uncanny in its own right – his homes are *Unheimlich*, in the sense of "eerie" or "weird[2]", and also in the sense of seeming to contain a doubleness, in the way Freud cites Otto Rank as using the term: even if this is not made explicit, Jimmy's homes suggest a domestic or family life which should be going on, but actually does not. The dining room table in Paradice, around which Jimmy will not gather friends or family, is perhaps the most potent symbol of this. Thus by the time Jimmy finds himself so radically homeless at the beginning of *Oryx and Crake* that he has to sleep in a tree[3], his own experience of home is anyway extremely compromised: he has never had any Edenic, pre-Fall existence, no more in this sense than in any other. As far as Jimmy is concerned, there is no binary before and after, as there sometimes is in fiction which deploys the myth of a lost paradise as a place where a transcendent self was once possible, and in which the quintessential lack built into the Lacanian subject was not felt[4]. However, the Crakers, in the Paradice dome, certainly fulfil these criteria, meaning that the Eden-expulsion trope is treated in the text at one remove.

To sum up this argument, Jimmy's relationship with home, the *Heimlich/Unheimlich* gestalt in which he has long been caught, prepares the ground for the pandemic as event which instigates a much greater degree of the *Unheimlich*, in which he must live among the ruins of a familiar world

---

1   *Ibid.*, p. 306.

2   FREUD Sigmund, *op. cit.*, p. 224.

3   ATWOOD Margaret, *Oryx and Crake*, *op. cit.*, p. 39.

4   BOHEEMEN Christine van, *The Novel as Family Romance: Language, Gender and Authority from Fielding to Joyce*, 1987, p. 23-24.

forever made unfamiliar, with glimpses of it as it was as a constant torment –
in houses, shops and businesses which look as if they could be going on as
usual, from a distance – a circumstance which increases his despair. But
while the flickering between *Heimlich* and *Unheimlich* goes on, the
Unheimlich, the strangely unfamiliar, is now the dominant mode.

However, to loop back, another element of the uncanny can be applied to
the pre-JUVE life of Jimmy and of his contemporaries. It is possible to draw
on a notion of the nuclear uncanny, developed and analysed by Saint-Amour,
Masco and Cordle, to see that a different kind of uncanny prevailed in the
time before the "end of the world": for Joseph Masco, the uncanny aspect of
the nuclear threat resides in the fact that life for those living after the first
use of nuclear bombs seemed to be lived in a "temporal ellipsis[1]": that is to
say that people were simply waiting for the end of civilisation in the form of
the next H-bomb. While this point can be approached via the various
theories mentioned above on the need of human beings to imagine endings,
it can also be allowed to speak for itself – that is to say, it becomes very
difficult to maintain a "normal" mental state if the end is imminent, and we
can, as Lifton says, "lose our psychological moorings.[2]"

Diminishing degrees of the uncanny

While there is more to the nuclear uncanny than the temporal ellipsis
mentioned above, it is an apt point of departure in that, if we make a
metonymic shift from the trope of nuclear war to that of the pandemic, it
sums up the background to the lives of Jimmy, Toby and Ren in *Oryx and
Crake* and *The Year of the Flood,* and the way in which they experience the
world (Toby and Ren are of course living lives that are approximately
contemporaneous with Jimmy's, and the three are all students at the same
university at more or less the same time). It is clear to them all that they are
living in a world which is so compromised in terms of damage to the
environment, the promotion of big business, particularly big pharma, above
all else, and also in terms of sheer non-respect for human life, that the only
possible outcome is large-scale disaster – and perhaps it will come, in a
strange way, as a relief, breaking the almost unbearable tension of waiting
for the inevitable end. Toby's comment, "We're using up the Earth. It's
almost gone[3]" is particularly resonant and memorable in this context, and

---

1   MASCO Joseph, *The Nuclear Borderlands: The Manhattan Project in Post-Cold War*, 2006, p. 28.

2   LIFTON Robert Jay, *The Protean Self: Human Resilience in an Age of Fragmentation*, 1992, p. 1.

3   ATWOOD Margaret, *The Year of the Flood, op. cit.*, p. 239.

the near-future parts of *Oryx and Crake* – the parts which take place before the JUVE pandemic – are shot through with the uncomfortable expectation of annihilation. Crake gives this prognosis:

> As a species we're in deep trouble, worse than anyone's saying [...] Demand for resources has exceeded supply for decades in marginal geo-political areas, hence the famines and droughts, but very soon demand is going to exceed supply for everyone[1].

This sense of "trouble" also contributes to an uncanny atmosphere: the results of human development are that the air is no longer breathable, that nose cones and vaccinations are necessary for a trip to the Pleeblands (where the majority of the population still lives). The very air the characters breathe is dangerous, just as it is, owing to radiation, in Masco's account of the nuclear uncanny:

> Fear of radioactive contamination has [...] colonised psychic spaces and profoundly shaped individual perceptions of the everyday from the start of the nuclear age, leaving people to wonder if invisible, life-threatening forces intrude upon daily life, bringing cancer, mutation or death[2].

In *Oryx and Crake*, the threat is less monolithic than that of the nuclear bomb – that is, threat stems from many different sources – but it makes for a deeply uncomfortable experience of daily life.

However, in *The Year of the Flood*, the whole premise of the God's Gardeners is that they are waiting for the end – setting up an ark for the genes of extinct animals, creating "Ararats", that is, stores of food and essential supplies for their own use when the flood comes, and expecting some kind of dramatic end to the world as it is at any moment. They expect and name The Waterless Flood long before it hits (Toby realises, when JUVE unfolds: "This was not an ordinary pandemic [...] This was the Waterless Flood the Gardeners had so often warned about[3]"). The God's Gardeners predict, in a wonderfully laconic phrase, "A massive die-off of the human race [...] due to overpopulation and wickedness[4]". This augury gives the young Ren nightmares[5], but at the same time, the way the God's Gardeners weave it into their worldview implies a taming of it, a neutralising of the uncanny. Their way of life is profoundly homely: they are steeped in ritual and in communion with nature, and live in a benign, theocratic utopia

---

1   ATWOOD Margaret, *Oryx and Crake*, op. cit., p. 295.

2   MASCO Joseph, *The Nuclear Borderlands*, op. cit., p. 28.

3   ATWOOD Margaret, *The Year of the Flood*, op. cit., p. 20.

4   *Ibid.*, p. 47.

5   *Ibid.*, p. 59.

(benign in that it is not on the point of or in the process of sliding into its own opposite), extending mutual support and help rather than advocating self-help or reliance on a fickle and undependable State.

The end of the homely, though millenarian, life built by the God's Gardeners in *The Year of the Flood* comes from without, not from within: the groups falls foul of the private police force and has been to a great degree disbanded by the time the Waterless Flood hits. But in *Maddaddam,* after the long and often solitary sufferings of Jimmy and Toby, and the terrible violence inflicted on Ren and Amanda, once the human survivors of the pandemic are reunited, and set up home in the Cobb House, a sense of home and homeliness is restored. Cubicles with beds are constructed[1], "gleaning" expeditions to borrow home comforts from the remnants of civilisation organised[2], communal meals are prepared and eaten[3], roles are attributed, resources shared, mutual support given, and although Toby inwardly bemoans the "high school" crushes and rivalries[4], there is a sense of order, community and progress. Jimmy is absent in spirit at this stage, as he is suffering from blood poisoning brought on by a wound to his foot, and Amanda is too deeply traumatised by the repeated rapes she has endured to care, but Toby, Ren and the former God's Gardeners and scientists settle into the Cobb House where they have a reasonably comfortable existence together, in spite of the terrible fact that "history is over" as Toby puts it[5].

Thus distinctly diminishing degrees of the uncanny can be traced through the development of the main characters and their relationship with their homes in the three volumes of the trilogy. But this is not to say that the uncanny disappears or is diluted: rather, it is reworked, and resurfaces in different ways, for example, in the difficulty of knowing where the human begins and ends, given that the pigoons prove to be endowed with the power of speech, which can be interpreted by the Crakers, and given also the puzzle constantly posed by the Crakers themselves (should they be regarded as human?) What I would like to focus on here, however, to close my argument, is the ways in which the uncanny resurfaces among the Crakers themselves, and is adapted by them.

To return to the pre-Pandemic world in *Oryx and Crake,* one manifestation of the uncanny there is in the strangely animistic weather

---

1   ATWOOD Margaret, *Maddaddam,* 2013, p. 31.

2   *Ibid.,* p. 41.

3   *Ibid.,* p. 43.

4   *Ibid.,* p. 177.

5   *Ibid.,* p. 145.

events which seem to have what Trexler calls a "nonhuman agency[1]", which can also be understood as being animistic. It might be noted that Amitav Ghosh actually uses the word "uncanny" in this context. He sees nonhuman agents as "not merely strange in the sense of being unknown or alien", but argues that "their uncanniness lies precisely in the fact that in these encounters we recognise something we had turned away from: that is to say, the presence and proximity of non-human interlocutors[2]". The world before climate-change weather events and patterns burst out from their previous limitations is described in *Oryx and Crake* with a fleeting nostalgia: Jimmy associates the leaves turning colour with early childhood[3]; by his high school years, "those months that used to be called *autumn"* are just a memory[4]. But by the time Jimmy leaves high school, weather has begun to be an equal partner in a combat which people have to lead relentlessly. Wisconsin, previously subject to months of heavy snowfall, is now a desert[5], and people have had to flee Texas as climate refugees (this is the case for Amanda[6]. Closer to home, for Jimmy, the graduation of the final-year pupils at HelthWyzer High is affected:

> The ceremony used to take place in June, the weather then used to be sunny and moderate. But June was now the wet season all the way up the east coast, and you couldn't have held an outdoor event then, what with the thunder storms. Even early February was pushing it: they'd ducked a twister by only one day[7].

Once the JUVE pandemic hits, and humankind as a harmful presence to nature is almost entirely neutralised, the daily "afternoon storm[8]" serves as a reminder of the time in which nature rose up in protest against human activity: it seems almost to give the weather a voice, making it indeed animistic, and so uncanny in a different sense from those explored above. It can be read, to weave a variation on Freud's theory of the uncanny, as a return of the "repressed" in nature, rather than the repressed in the human unconscious. This is the world for which Crake and his ilk have planned, with the "rockulators" which create a microclimate pre-JUVE[9], and the Crakers,

---

1 TREXLER Adam, "Novel Climes: Anthropocene Histories, Hans-Jörg Rheinberger's Trace, and Clive Cussler's Arctic Drift", *Oxford Literary Review*, vol. 34, n° 2, 2012, p. 233.

2 GHOSH Amitav, *The Great Derangement: Climate Change and the Unthinkable,* 2016, p. 30.

3 ATWOOD Margaret, *Oryx and Crake, op. cit.*, p. 15.

4 *Ibid.*, p. 71.

5 *Ibid.*, p. 56.

6 ATWOOD Margaret, *The Year of the Flood, op. cit.*, p. 76.

7 ATWOOD Margaret, *Oryx and Crake, op. cit.*, p. 173.

8 *Ibid.*, p. 235.

9 *Ibid.*, p. 291.

post-JUVE, being "thick-skinned, resistant to ultra-violet¹'", but Jimmy, who has no technological trappings to protect him, feels its effects directly, and has no chance of being able to escape. What had once been kept under tight scientific control breaks free, bursts out; the evil spirits, as it were, cavort, in weather-event form.

To conclude, for the Crakers this animistic presence of nature is not disturbing or threatening: it simply becomes a part of the lore which Jimmy invents for them and by which they live. The idea of weather as animistic – a nonhuman partner capable of influencing and reshaping lives – is displaced, and crystallised, as so many things are, in the stories handed down to the Crakers: at the beginning of *Maddaddam*, Toby, who has had to take over storytelling duties from Jimmy while he lies in a coma with, apparently, blood poisoning, suggests that Crake might "send some thunder" to punish the Painballers[2]. Crake, then, has by now officially been granted the status of weather-maker, as behoves the divine status to which the Crakers have elevated him. Thus the simple, "primitive" worldview created for, and partly by, the Crakers – for they participate actively in the creation of their own mythology, asking questions, pushing the story on – can be read as a *mise en abyme* for the other mechanisms, vaster and more complex, which are going on elsewhere in the text. Similarly, Jimmy distils the tendency of the human race towards self-destruction, and with it, the uncanniness of waiting for the end, into a story for the Crakers, in which Crake is again elevated to the status of God, in this case, the Old Testament Yahweh thinking up the flood to visit destruction on the world. Crake, according to Jimmy, decides to institute The Great Emptiness:

> "[T]hey will end up by killing themselves [...] So there is only one thing to do."
>
> So Crake made some little seeds [...] and Oryx helped to sprinkle the seeds [...]
> And then the Great Rearrangment began to happen[3].

In this *reduction ad absurdum*, the story of thousands of years of human conflict, tragedy and mismanagement is dismissed. The end of humanity itself seems of little relevance, much less the waiting for that end, and thus, as far as the Crakers are concerned, another part of the uncanny ambience of *Oryx and Crake* is neutralised, and the fundamental strangeness and unfamiliarity of the morphing of the old world into the new is forgotten, leaving space for an "afterwards" beyond Jimmy, and, largely, beyond humanity. Thus Atwood's Waterless Flood takes the reader on a journey into

---

1   *Ibid.*, p. 6.

2   ATWOOD Margaret, *Maddaddam*, *op. cit.*, p. 31.

3   *Ibid.*, p. 353-354.

an uncanny exposition of a pandemic, but also brings him or her out the other side, thus allowing for a vast sense of temporal perspective which unlocks the reader from the current Covid-19 pandemic, rather than maintaining him or her inside it, with no way out.

References

Protect and Survive, https://digitalarchive.wilsoncenter.org/document/110193.pdf? v=c77f06e782d33a2ec8bf00d7c597ea10 . (Consulté le 01.10.2021 ; sans mention d'auteur)

ATWOOD Margaret, *The Handmaid's Tale* [1985], London: Vintage, 1996.

ATWOOD Margaret, *Oryx and Crake*, London: Bloomsbury, 2003.

ATWOOD Margaret, *The Year of the Flood*, London: Bloomsbury, 2009.

ATWOOD Margaret, *Maddaddam* (2013), London: Virago, 2014.

ATWOOD Margaret, *In Other Worlds: Science Fiction and the Human Imagination*, London: Virago, 2011.

BAUDRILLARD Jean, *Simulacra and Simulations*, trans. Sheila Faria Glaser, Ann Arbor: University of Michigan Press, 1994.

BERGER James, *After the End: Representations of Post-Apocalypse*, Mineappolis: University of Minnesota Press, 1999.

BOHEEMEN Christine van, *The Novel as Family Romance: Language, Gender and Authority from Fielding to Joyce*, Ithaca and London: Cornell University Press, 1987.

CENTRAL OFFICE OF INFORMATION, "Protect and Survive", *History and Public Policy Program Digital Archive*, 1980. URL: https://digitalarchive.wilsoncenter.org/document/110193.pdf? v=c77f06e782d33a2ec8bf00d7c597ea10.

CORDLE Daniel, *Late Cold War Literature and Culture: The Nuclear 1980s*, Houndmills: Palgrave Macmillan, 2017.

EDGERTON David, "When it comes to national emergencies, Britain has a tradition of cold calculation", *The* Guardian [online] 17th March 2020 [accessed 19 may 2020] https://www.theguardian.com/commentisfree/2020/mar/17/national-emergencies-britain-government-health-covid-19-1940s-and-50s.

FREUD Sigmund, "The Uncanny" [1919], *An Infantile Neurosis and Other Works*, Standard Edition, vol. XVII, 1957, p. 217-252.

GHOSH Amitav, *The Great Derangement: Climate Change and the Unthinkable*, Chicago and London: University of Chicago Press, 2016.

GOLDING William, *Lord of the Flies* [1954], London: Faber and Faber, 1996.

HEFFERNAN Teresa, *Post-Apocalyptic Culture: Modernism, Postmodernism and the Twentieth-Century Novel*, Toronto: University of Toronto Press, 2008.

IRONSTONE-CATTERALL Penelope, "Narrating the Coming Pandemic: Pandemic Influenza, Anticipatory Anxiety and Neurotic Citizenship", *in* CROSTHWAITE Paul (ed.) *Criticism, Crisis and Contemporary Narrative: Textual Horizons in an Age of Global Risk,* New York: Taylor and Francis, 2014, p. 81-94.

JAMESON Fredric, *Postmodernism: Or, the Cultural Logic of Late Capitalism,* Durham: Duke University Press, 1991.

JENSEN Liz, *Ark Baby* [1998], London: Bloomsbury, 2006.

KERMODE Frank, *The Sense of an Ending: Studies in the Theory of Fiction* [1966], London/Oxford/New York: Oxford University Press, 1968.

LAFLEN Angela, "'There's a Shock in This Seeing': The Problem of the Image in *The Handmaid's Tale* and *Oryx and Crake*", *Amerikastudien / American Studies,* Vol. 54, n° 1, *Appropriating Vision(s): VisualPractices in American Women's Writing,* 2009, p. 99 120.

LIFTON Robert Jay, *The Protean Self: Human Resilience in an Age of Fragmentation,* New York: Harper Colling, 1992.

MASCO Joseph, *The Nuclear Borderlands: The Manhattan Project in Post-Cold War,* New Mexico/Princeton: Princeton University Press, 2006.

MARX William, "Dans le cas des pandémies, l'humanité devient un personnage littéraire", *Télérama,* 16 may 2020 [accessed 19 may 2020], https://www.telerama.fr/livre/william-marx,-du-college-de-france-dans-le-cas-des-pandemies,-lhumanite-devient-un-personnage,n6639202.php

SAINT-AMOUR Paul K., "Bombing and the Symptom: Traumatic Earliness and the Nuclear Uncanny," *Diacritics* 30.4, 2000, p. 59-82.

SMILES Samuel, *Self Help, with Illustrations of Conduct and Perseverance* [1897], online edition, 1997, URL : http://www.gutenberg.org/files/935/935-h/935-h.htm

TREXLER Adam, "Novel Climes: Anthropocene Histories, Hans-Jörg Rheinberger's Trace, and Clive Cussler's Arctic Drift", *Oxford Literary Review,* vol. 34, n° 2, 2012, p. 295–314.

WEIR Peter, *The Truman Show* [film], 1998.

« Grizzly ghouls from every tomb are closing in to seal your doom » : les zombies, pandémie filmique du XXIe siècle

Jeanne Ferrier

Doctorante à l'Université de Paris
École doctorale Langue, Littérature et Image

Si la crise récente du coronavirus a été caractérisée par la médiatisation massive d'un discours scientifique certes non consensuel, mais du moins très largement diffusé et vulgarisé, elle a aussi révélé que, en 2020, les épidémies cristallisent toujours les angoisses et croyances populaires. Les magasins dévalisés, les replis sécuritaires plus ou moins contestés, et la propagation de théories du complot sur les réseaux sociaux peuvent être analysés comme des manifestations modernes de la peur de la maladie et de l'effondrement qui y est associé, peur qui remonte aux sociétés humaines les plus anciennes. Ainsi, les cultures polythéistes antiques de tous les continents révéraient généralement au moins une divinité de la santé ou de la médecine, dont la plus connue est sans doute Apollon, dieu grec des maladies et des soignants qui pouvait déclencher des épidémies avec son arc et ses flèches, et dont le fils Esculape était le dieu de la médecine. L'interprétation de la maladie comme étant une forme de punition divine a pris différentes formes au cours de l'histoire, perpétuant l'idée que les épidémies seraient une manière de punir les êtres humains pour leurs fautes. Au Moyen Âge, dans une Europe principalement catholique, les épidémies servaient de prétexte à des processions et des prières publiques (ainsi que des pratiques plus anecdotiques, comme les mouvements de flagellants) dont le but était d'obtenir le pardon divin, et ainsi de mettre un terme à la maladie. Les croyances religieuses et populaires portaient tant sur la représentation de la maladie que sur celle des soins, comme en témoigne dans l'Europe médiévale la notion du souverain thaumaturge, capable de soigner les malades par une simple imposition des mains, une superstition déjà évoquée sur un ton critique par Montesquieu dans ses *Lettres persanes* : « [le roi de France] est un grand magicien : il exerce son empire sur l'esprit même de ses sujets [...]. Il va même jusqu'à leur faire croire qu'il les guérit de toutes sortes de maux, en les touchant, tant sont grandes la force et la puissance qu'il a sur les esprits[1] ».

---

1 MONTESQUIEU, *Lettres Persanes* [1721], Lettre 24, p. 70.

L'influence de telles superstitions s'est cependant émoussée à partir du XIXe siècle, qui a vu advenir un changement dans la représentation, à la fois populaire et officielle, de la maladie. De punition divine, les épidémies sont devenues une malédiction sociale, de plus en plus souvent associée à la question de l'hygiène corporelle et publique et aux conditions de vie et de travail de la population, en particulier de ses couches les plus pauvres. Les travaux de chercheurs tels que Louis Pasteur en France, ou Joseph Lister au Royaume-Uni, ont permis de développer le discours sur les maladies, leur traitement et leur prévention, dans un cadre scientifique. Mais les superstitions et angoisses populaires n'ont pas disparu pour autant : la persistance d'expressions comme « les grandes tueuses », notamment dans le discours historiographique, se référant aux épidémies mortelles telles que la peste, la tuberculose, le choléra ou la rage, s'inscrit dans un champ lexical ancestral, au travers duquel les maladies sont personnifiées, représentées comme des ennemies invisibles (du moins, pour quiconque n'est pas équipé d'un microscope) contre lesquelles seul le progrès scientifique peut permettre de lutter. Or, au travers de cet imaginaire de la maladie, ce n'est pas seulement le corps humain qui est représenté comme vulnérable, mais le corps social tout entier : les virus et bactéries se propagent d'individu en individu, et la maladie ou la peur de celle-ci infecte des régions, des pays, voire le monde entier.

C'est dans le cadre de cette angoisse populaire que l'on pourrait inscrire l'arrivée au cinéma, à partir du début des années 2000, de ce que le chercheur américain Kyle Bishop a appelé la « *zombie renaissance* », ou renaissance zombique, dans un article éponyme publié en 2009. Pour reprendre les premiers mots d'Ian Olney dans son essai de 2017 : « It's official: the zombie apocalypse is here. The living dead have been lurking in media and popular culture since the 1930s, but they have never been as ubiquitous or as widely embraced as they are today[1] ». Il souligne ensuite qu'on dénombre, depuis 2005, un nombre de films de zombies plus important que dans les sept décennies précédentes, sans compter les séries télévisées, les jeux vidéo, la littérature, et l'ensemble d'une économie entièrement orientée sur la figure du zombie et qui rapporterait 5,74 milliards de dollars par an[2]. Le zombie plaît, il intéresse, il intrigue : comme le souligne Olney, sur l'outil Google Trends, le terme « *zombies* » fait l'objet d'un nombre de recherches bien plus important que ses compatriotes morts-vivants, les « *ghosts* », « *vampires* » et « *mummies* » (excepté un pic de recherche au sujet des fantômes entre octobre

---

1   OLNEY Ian, *Zombie Cinema*, 2017, p. 1.

2   *Ibid.*, p. 2-5.

2013 et mars 2014[1]). Or si le zombie s'est à ce point popularisé depuis près d'un siècle, c'est parce qu'il n'a cessé de se réinventer au fil des années, surtout lorsqu'il a perdu son ancrage dans la culture caribéenne au travers du cinéma de George A. Romero et plus particulièrement de son film de 1968 *Night of the Living Dead*, qui a propulsé le zombie au rang de monstre central au cinéma d'horreur populaire. Ainsi, du film *White Zombie* de Victor Halperin (considéré comme étant le premier film mettant en scène des zombies en 1932) à nos jours, ces créatures ont radicalement changé de visage, une transformation qui n'est due qu'en partie à l'évolution des techniques de maquillage et de prothèses, et des effets spéciaux. Ces derniers paramètres peuvent expliquer, par exemple, la nouvelle apparence physique des zombies, dont l'état de décomposition avancée est devenu un véritable signe caractéristique, mais ils ne suffisent pas à justifier l'évolution de ce monstre filmique, en particulier au cours des 20 dernières années. Ainsi, le cannibalisme, la rapidité, et surtout la question de la contagion, sont des caractéristiques qui ont été progressivement associées aux zombies et en sont désormais indissociables, et l'on pourrait même affirmer que ce sont ces éléments qui ont transformé cette créature longtemps associée au cinéma de série B en monstre favori d'Hollywood.

Les zombies sont aujourd'hui devenus des créatures associées à la question épidémique, et la zombification un symptôme d'une maladie dégénérescente. Cette transformation s'inscrit dans l'essor de la popularité de films de science-fiction mettant en scène la propagation épidémique ou pandémique de maladies souvent déshumanisantes, qui dénoncent souvent un échec, ou même une culpabilité, de la science. La foule y est généralement représentée comme favorisant l'épidémie, tandis que la figure du zombie elle-même offre un commentaire sur la question de la masse, et en particulier de la consommation dans un monde dominé par le système économique capitaliste.

Du « cadavre mobile et sans âme[2] » au prédateur contagieux : renaissance et mutation du zombie hollywoodien

Figure emblématique du cinéma d'horreur hollywoodien dès les années 1930, le zombie a connu une « renaissance », selon le terme ironiquement choisi par Kyle Bishop, à partir du début des années 2000. Le précurseur de

---

1   Google Trends [consulté le 19 juin 2021]. URL : https://trends.google.com/trends/explore? date=all&geo=US&q=zombies,ghosts,mummies,vampires

2   CARRIER-LAFLEUR Thomas et BOISVERT DUFRESNE Élise, « À travers ces cadavres mobiles et sans âme – Entrevue avec Olivier Schefer », *Chameaux*, n° 4, automne 2011, p. 123.

cette nouvelle vague du cinéma de zombies : le réalisateur britannique Danny Boyle. Dans son film de 2002 *28 Days Later*, caractérisé par une image granuleuse et partiellement filmé à l'épaule (ce qui le rend évocateur des films « *found footage* »), le mot « zombie » n'est jamais mentionné, pourtant l'étiquette « film de zombies » lui a presque immédiatement été associée. Dans son article au sujet du film, le critique américain Roger Ebert affirme : « if someone is infected, [Selena] explains, you have 20 seconds to kill them before they turn into a berserk, devouring zombie[1] », pourtant dans le film lorsque Selena évoque la contamination, elle ne mentionne aucunement le mot « zombie », qui n'apparaît pas une seule fois dans le scénario. De même, quand elle explique à Jim, qui vient de sortir du coma, ce qui est arrivé au monde qu'il connaissait, elle n'emploie que les termes « virus », « infection » et « something in the blood ». Techniquement, d'ailleurs, les créatures de Boyle ne sont pas des zombies. Elles ne meurent pas et ne reviennent pas à la vie, de plus leur rapidité et le fait que leur existence se propage au travers de la contamination du sang les identifie comme toutes autres que les zombies du cinéma hollywoodien du XXe siècle. Certains auteurs affirment que la question de la contagion était liée à la figure du zombie avant les années 2000, ainsi Philippe Rouyer indique que dans le film *Zombi 2* en 1979, « Fulci reprend les données établies par Romero (chaque victime mordue devient zombie à son tour ; il faut détruire le cerveau des morts)[2] ». Pourtant, dans le film italien comme dans ceux de Romero, la morsure d'un zombie ne provoque pas la transformation, mais plutôt une infection qui cause la mort de la victime, à la suite de quoi son cadavre se voit réanimé. De plus, tous les morts-vivants ne sont pas des victimes de zombies, et le film de Fulci finit par établir l'existence d'une malédiction vaudoue, retournant aux racines de la zombification sans mettre en avant la question de la contagion. Xavier Aldana Reyes, quant à lui, note quelques précédents à la « médicalisation » de la figure du zombie, mais souligne : « these texts were exceptional and not symptomatic of wider shifts in zombie popular culture[3] ».

Les liens entre les créatures de Boyle et leurs ancêtres (en particulier post-Romero), qui permettent de comprendre pourquoi le public et la critique ont eu recours à cette étiquette pour décrire *28 Days Later* sont donc autres : le cannibalisme en est sans doute la part principale, et le fait que les créatures soient apparemment dénuées de raison et réduites à l'état de hordes affamées. Pourtant, le succès du film de Danny Boyle a eu une influence aussi durable

1 EBERT Roger, « 28 Days Later », *Chicago Sun-Times* [en ligne], 27 juin 2003.

2 ROUYER Philippe, *Le Cinéma gore. Une esthétique du sang*, 1997, p. 79.

3 ALDANA REYES Xavier, « Contemporary Zombies », *in* WESTER M. et ALDANA REYES X., *Twenty-First-Century Gothic – An Edinburgh Companion*, 2019, p. 91.

que ceux de Romero sur ces monstres filmiques dont il ne parlait apparemment même pas : il les a liés à des questions d'infection et de pandémie. Les zombies de *28 Days Later* ont été contaminés par des singes infectés par un virus de la « rage » (le terme anglais utilisé est « *rage* » et non pas « *rabies* », soulignant ainsi qu'il ne s'agit pas d'une maladie connue) dans un laboratoire d'expérimentation animale. Depuis 2002, le cinéma de zombies est devenu intrinsèquement lié à cette question de la contamination, allant parfois jusqu'à représenter la zombification comme une pandémie. Dans le cinéma du XXᵉ siècle, les zombies étaient des cadavres réanimés. Au XXIᵉ ce sont des vivants entrés en contact avec des anthropophages contaminateurs, mais ils ne passent plus forcément par la mort.

Alain Pelosato offre une explication potentielle à ce goût pour la zombification épidémique : selon lui, « la science-fiction [a] habitué les spectateurs à des explications plus rationnelles[1] ». La zombification par le vaudou, trop surnaturelle, ne serait dès lors plus suffisante aux yeux du public contemporain, qui lui préférerait une cause pseudo-scientifique dont la vague crédibilité dans un monde où la médecine lutte encore pour éradiquer certaines maladies contagieuses serait plus effrayante. On a pu observer un mouvement similaire dans le cinéma de fantômes, avec la franchise *Conjuring* qui se rattache à la réalité en utilisant les figures historiques (bien que contestées) des chasseurs de fantômes Ed et Lorraine Warren, et des chroniques de leurs interventions dans des maisons supposément hantées. En devenant le fruit d'une contamination, le zombie prend corps et rassemble les genres de l'horreur et de la science-fiction. À la peur irrationnelle des morts-vivants anthropophages cherchant à dévorer des cerveaux humains vient ainsi s'ajouter une peur plus proche de nous et plus universelle : « Viruses epitomize our fear of the end because they signify disaster as unpredictable and uncontrollable as the flesh hungry zombies that reduce the world's population to a handful of bedraggled survivors[2]". Dans le cinéma de zombies, cette peur est d'autant plus justifiée que l'infectiosité du virus est exceptionnellement forte, comme le souligne Drezner : toute personne mordue par un zombie se transforme à son tour (à moins, dans certaines fictions, de subir une amputation immédiate et sans anesthésie), là où « even the most virulent pathogens encountered in the real world – Ebola or HIV – have infection rates below 50 percent[3] ». La

1 PELOSATO Alain, *123 ans de cinéma fantastique et de SF : Essais et données pour une histoire du cinéma fantastique 1895-2019*, 2019, p. 46.

2 PETRETTO Cecilia, « Attack of the Living Dead Virus: The Metaphor of Contagious Disease in Zombie Movies », *Journal of the Fantastic in the Arts*, vol. 17, n° 1, printemps 2006, p. 21.

3 DREZNER Daniel, « Metaphor of the Living Dead: Or, the Effect of the Zombie Apocalypse on Public Policy Discourse », *Social Research*, Vol. 81, n° 4, hiver 2014, p. 827.

zombification se propageant systématiquement, l'émotion dans les fictions zombiques est provoquée tant par la peur de voir des personnages mourir que par l'angoisse de les voir être réanimés et mettre à leur tour leurs compagnons en danger.

Au-delà de cette contagiosité record, les symptômes de la « zombification épidémique » participent fortement de l'aspect horrifique du zombie. Bishop le compare notamment aux autres morts-vivants du cinéma d'horreur populaire, les fantômes et les vampires (une catégorie à laquelle on pourrait ajouter les momies) et souligne que « they possess merely a rotting brain and have no real emotional capacity[1] ». Tandis que les autres morts-vivants de la littérature et du cinéma sont généralement rattachés au monde réel par la vie qu'ils ont menée et les personnes qu'ils ont côtoyées et pour lesquelles ils peuvent encore avoir des sentiments, les zombies perdent leur personnalité en même temps que leur vie, et sont entièrement déshumanisés (hormis dans le cas de certains films comme la comédie romantico-horrifique de 2013 *Warm Bodies*, où le récit post-apocalyptique est porté par le monologue intérieur du zombie « R » qui découvrira à la fin du film que le remède à la zombification n'est autre que l'amour). De plus, contrairement aux vampires et aux fantômes, les zombies sont « in an active state of decay[2] », offrant ainsi une représentation du corps qui semble particulièrement horrifique pour deux raisons principales. Tout d'abord, elle fait entrer en jeu le dégoût, défini comme étant un des principaux ressorts de l'horreur par le critique et historien du cinéma Philippe Rouyer[3]. Les zombies sont des créatures du *gore* non seulement par ce qu'ils font, mais aussi par ce qu'ils sont. Ensuite, dans notre société éminemment normative, où les représentations de corps parfaits abondent dans l'espace public[4], cet état de décadence médicale et esthétique prend un aspect révoltant. On pourrait même considérer le zombie comme un instrument de la contre-culture qui participe (notamment au travers de manifestations culturelles et parfois politiques telles que les « *zombie walks* », au cours desquelles des centaines, voire des milliers de participants arpentent les rues des villes déguisés en zombies) à la dénonciation de ce discours prescriptif omniprésent dans les sociétés occidentales contemporaines (en particulier via la publicité). Cette utilisation de la contagion comme remise en question du contrôle des corps se retrouve d'ailleurs dans le cinéma épidémique du XXIᵉ siècle, au-delà du

1   BISHOP Kyle, « Dead Man Still Walking: Explaining the Zombie Renaissance », *Journal of Popular Film and Television*, Vol. 37, n° 1, 2009, p. 20.

2   *Ibid.*

3   ROUYER Philippe, *op. cit.*, p. 17.

4   SALIBA Jacques, « Le Corps et les constructions symboliques », *Socio-anthropologie* [en ligne] n° 5, 1999.

seul cinéma de zombies : ainsi, dans *Blindness* de Fernando Meirelles, les infectés, mis en quarantaine dans une structure abandonnée, délaissent les prescriptions d'hygiène et de comportement en se promenant nus et en faisant leurs besoins dans les espaces publics. Il semblerait que la disparition pathologique du sens de la vue les ait libérés de codes sociaux normatifs qui leur semblent désormais inutiles, au prix cependant d'une forme de déshumanisation puisque leur comportement devient bestial aux yeux du personnage interprété par Julianne Moore, qui n'a pas été contaminée. Le zombie, et plus largement l'infecté, mettent donc en exergue plusieurs des grandes angoisses de l'espèce humaine, en rendant apparente la part bestiale de chaque individu, mais aussi son potentiel de souffrance, et son risque de mort. Pour le philosophe Edgar Morin, nous considérons la mort comme « normale » parce qu'elle est universelle, mais aussi comme « pathologique » puisqu'elle incarne le dysfonctionnement ultime du corps humain[1]. Dans le cinéma de zombies, la mort demeure universelle, mais perd de sa dimension « normale », ou naturelle, pour devenir littéralement pathologique, d'autant plus qu'elle met la science en échec.

L'hubris scientifique face à la contamination zombique : créateur coupable ou adversaire inefficace ?

Dans le film *28 Days Later* comme dans la série *The Walking Dead*, le héros se réveille à l'hôpital après une période de coma de plusieurs semaines pour trouver le monde qu'il connaissait dévasté, et rempli de créatures assoiffées de sang. Drezner analyse ce choix scénaristique commun en affirmant que « interest in the living dead has shifted from a focus on *zombies* to a focus on the *zombie apocalypse*. [...] It is not merely zombies that have crested culturally—it is the end of the world[2] ». Pourtant, le lieu commun de leur réveil ne semble pas anodin et porte une symbolique bien précise. Alors que des films comme *Shaun of the Dead*, *Zombieland* ou *La Nuit a dévoré le monde* mettent également en scène un personnage qui se réveille au lendemain de l'épisode de contagion apocalyptique, ces trois réveils se font dans une maison ou dans un appartement et symbolisent dès lors tant la découverte d'un nouveau monde, que la perte du confort et de la sécurité qu'un foyer est censé conférer. Dans le cas de Jim et de Rick, le réveil a lieu dans des hôpitaux (désert dans le cas de *28 Days Later*, infestés de zombies dans *The Walking Dead*), ce qui instille immédiatement dans

---

1 MORIN Edgar, *L'Homme et la mort*, 1976, p. 379.

2 DREZNER Daniel, *op. cit.*, p. 835.

leur esprit et dans celui du spectateur que quoi qu'il ait pu se passer, la médecine s'est révélée totalement impuissante. Les films comme *Contagion*, qui mettent en valeur la réactivité du monde scientifique face à une pandémie (en particulier au travers de l'action de l'OMS et du Center for Disease Control américain) et la capacité de la communauté scientifique internationale à collaborer pour trouver un vaccin en quelques semaines, font figure d'exceptions parmi la myriade de films épidémiques dans lesquels la science est considérée comme inefficace. On pensera par exemple à l'ophtalmologue de *Blindness*, rapidement contaminé par un virus qui le rend aveugle, ou encore au virologue prometteur de *World War Z*, qui se tire accidentellement une balle dans la tête et meurt au premier tiers du film, laissant le sort du monde entre les mains du personnage interprété par Brad Pitt. La plupart des fictions de zombies mettent en scène au moins un personnage appartenant au monde médical, et l'accent est généralement mis sur les difficultés à se soigner dans un monde post-apocalyptique. On pensera en particulier à *The Walking Dead*, qui s'attaque de manière récurrente à des questions de santé et de soins médicaux : Rick doit faire confiance à un vétérinaire pour soigner son fils d'une blessure par balle (saison 2), l'accouchement non médicalisé se révèle fatal pour Lori (saison 3), le havre de paix construit par les survivants dans une prison est mis en péril par une épidémie de grippe létale (saison 4), après la mort du médecin d'Alexandria, la psychiatre Denise doit se former à la chirurgie malgré ses réticences (saison 6)...

Quand elle n'est pas tâtonnante, c'est parfois la science elle-même qui devient dangereuse, en étant la cause de la contamination. « Il y a deux sortes d'histoires de virus dans la SF : les histoires de contagion qui exterminent l'humanité après quelques expériences ou maladresses et les histoires d'infection virale qui crée un monstre[1] ». Les virus dont l'origine demeure inexpliquée existent certes également, mais on observe dans l'horreur épidémique, une récurrence notoire de cette transformation des laboratoires de recherche en espaces d'où provient le danger (*28 Days Later*, *Resident Evil*, *The Crazies* de G. A. Romero et son remake par Breck Eisner, mais aussi dans le roman de Stephen King *The Stand*, adapté pour la deuxième fois en minisérie en 2020). L'adaptation de 2007 du roman de Richard Matheson *I Am Legend* insiste sur cette question en consacrant sa scène d'ouverture à une interview télévisée de la docteure Alice Krippin, dans laquelle elle affirme que son équipe de chercheurs a trouvé un remède au cancer. Le montage, qui fait suivre cette déclaration d'une série de plans montrant les rues de New York désertes et envahies par la végétation, crée

---

1 PELOSATO Alain, *Zombies au cinéma*, 2012, p. 44.

une relation implicite de cause à effet, laissant entendre que ce soi-disant remède est à l'origine du désastre (une théorie confirmée par la série de *flashbacks* dans le film). Alors que Pelosato considère que cette « explication "scientifique" [...] est tout à fait inutile »[1], son rôle semble clair : le film n'est pas porteur du même discours que le roman dont il est tiré. Dans la version de Matheson le héros, Robert Neville ne fait que supposer qu'il existe une cause scientifique à l'apocalypse : il va chercher des ouvrages à la bibliothèque afin de s'instruire sur le sujet, et tente quelques expériences au moyen d'un microscope, mais la plupart de ses observations sur les morts-vivants sont empiriques. À l'inverse, le Robert Neville de la version filmique est un virologue de l'armée qui faisait partie de l'équipe de chercheurs travaillant au développement d'un vaccin contre le virus Krippin, et la couverture d'un numéro préapocalyptique du *Time* collée sur son frigo le présente comme un « sauveur » potentiel (ce qu'il finira par devenir grâce à un sacrifice christique après avoir trouvé le vaccin). Tandis que le roman se focalise sur des questions existentielles en s'interrogeant sur le sens que peut avoir la vie du dernier homme sur Terre, et sur sa monstruosité potentielle au regard de la recréation d'une société par les morts-vivants, l'adaptation de Francis Lawrence met en scène l'échec de la science dans sa quête hubristique de découvertes, avant de lui redonner de la valeur en héroïsant la figure du chercheur prêt à tout pour sauver l'espèce. Le discours du roman au sujet de la science se focalise sur ses échecs, comme en témoigne le passage dans lequel Neville se rend à la bibliothèque et observe les rangées de livres : « All these books, he thought, the residues of a planet's intellect, the scrapings of futile minds, the leftovers, the potpourri of artifacts that had no power to save men from perishing[2] ». Dans le film de Lawrence, la science possède une toute-puissance destructrice (le vaccin de Krippin cause une pandémie qui extermine 90% de la population mondiale et transforme la majorité des survivants en un mélange de vampires et de zombies), mais aussi salvatrice (les efforts acharnés de Neville pour créer un vaccin finissent par payer), alors que la fin alternative (diffusée lors d'une projection-test et disponible sur le DVD et le Blu-Ray du film), plus ambiguë et percutante, se rapproche du roman en éliminant le vaccin et en mettant en scène les regrets de Neville face à la cruauté de ses expérimentations sur les créatures.

Dans l'horreur épidémique, la science est ainsi mise en cause comme potentiellement créatrice de ce que Thomas Sipos appelle la « menace contre nature » : la maladie létale, déjà effrayante en soi, devient horrifique parce qu'elle est à l'origine de la zombification, « an *unnatural threat* that is

---

1 PELOSATO Alain, *123 ans de cinéma fantastique et de SF*, op. cit., p. 424.
2 MATHESON Richard, *I Am Legend*, 2007, p. 67.

outside the realm of normalcy, reality, or history[1] » et qui ne peut exister que dans un environnement réaliste, familier. Ces mondes zombifiés où la médecine existe, mais se révèle impuissante ou complice, reflètent des peurs réelles au sujet de ce que la science peut et ne peut pas faire, et nous renvoie ainsi inéluctablement à l'angoisse de la mort. Le cinéma de zombies contemporain n'est donc plus simplement un cinéma du monstrueux. L'évolution de la figure du zombie à partir de la seconde moitié du XXe siècle en a fait, selon Sarah Juliet Lauro, « a critique of science, or at least, an expression of anxiety surrounding the powers that scientific knowledge bestowed upon humanity[2] ». Le genre renforce les liens que l'horreur entretient avec la science-fiction et devient presque dystopique dans sa représentation de « la transformation de la ville en cimetière et de chaque maison en tombeau[3] ».

De la critique socio-économique à l'écocritique : le zombie et la monstruosité du monde

Comme dans l'ensemble des œuvres apocalyptiques de la culture populaire, la grande ville est un décor récurrent des fictions de zombies, et sa dévastation symbolise la chute de la société contemporaine. Londres dans *28 Days Later* et *The Girl With All the Gifts*, New York dans *I Am Legend*, Paris dans *La nuit a dévoré le monde*, Atlanta dans *The Walking Dead*, Philadelphie, Newark et Jérusalem dans *World War Z* : toutes sont des villes très densément peuplées, où la foule des habitants est rapidement victime d'une « viral apocalypse downsizing the number of available protagonists as it supersizes the apportionment of antagonists[4] ». La menace que représentent les zombies est renforcée par leur nombre, leur omniprésence apparente : si les zombies sont « partout » dans la culture populaire, ils le sont tout autant au sein de chaque ouvrage qui les met en scène et la grande ville, en rendant les contacts humains presque inévitables, favorise la propagation rapide de la zombification. Le lien n'est plus à faire entre les zombies et les masses populaires : Romero disait déjà d'eux qu'ils étaient « the blue-collar monsters », et dans son ouvrage *Petite philosophie du zombie*, Maxime Coulombe les compare à « ces employés vidés et épuisés,

---

1   SIPOS Thomas M., *Horror Film Aesthetics: Creating the Visual Language of Fear*, 2010, p. 6.

2   LAURO Sarah Juliet, « The Eco-Zombie: Environmental Critique in Zombie Fiction », *in* BOLUK S. & LENZ W. (eds.), *Generation Zombie: Essays on the Living Dead in Modern Culture*, 2011, p. 54.

3   CLÉMOT Hugo, « Une lecture des films d'horreur épidémiques », *Tracés*, n° 21, 2011, p. 180.

4   SMITH Richard Harland, « The Battle Inside: Infection and the Modern Horror Film. », *Cineaste*, Vol. 35, n° 1, décembre 2009, p. 42.

rentrant du boulot après une journée effrénée, folle, éreintante[1] ». La figure du zombie n'effraierait donc pas tant parce qu'elle est autre, mais parce qu'elle vient de l'humain et le représente dans tous ses travers contemporains. Les zombies sont semblables aux humains désensibilisés, aveugles à leur environnement et incapables de se lier réellement à ceux qui les entourent, à l'image (certes parodique) du personnage éponyme de *Shaun of the Dead* qui traverse son quartier pour faire quelques courses avant de rentrer sans voir les zombies qui errent dans la rue, le cadavre de son voisin gisant dans le jardin, les traces de sang à la supérette, ni le fait que l'homme sans-abri qui s'approche de lui ne souhaite pas lui demander d'argent, mais plutôt lui dévorer la cervelle. Cet aller-retour comique au cours duquel Shaun échappe plusieurs fois à la mort sans s'en rendre compte repose sur la réalité de l'aspect mécanique d'une partie des actions et interactions menées dans les sociétés occidentales contemporaines, où les mouvements et les paroles ne sont pas le fruit d'une observation de l'environnement et sont en fait répétés automatiquement. Une vision similaire est proposée dans la comédie horrifique de Jim Jarmusch *The Dead Don't Die*, où les zombies conservent les habitudes qu'ils entretenaient de leur vivant et répètent inlassablement certains mots : ceux qui dévorent les serveuses du *diner* demandent du café après leur « repas », les enfants zombifiés réclament des jouets et des friandises, l'alcoolique de la ville attend son Chardonnay. Tandis que certains zombies demeurent collés à leur téléphone portable et prononcent les mots « WiFi », « Bluetooth » ou « Siri », d'autres se réunissent devant la pharmacie et marmonnent le nom de leurs médicaments habituels. Le film s'attaque ainsi sur un ton comique à la question du zombie comme consommateur, et identifie la question même de la consommation à un comportement obsessionnel qui ne fait en rien appel à l'intelligence.

C'est, encore une fois, aux films de Romero que l'on doit cette dimension symbolique du zombie. En introduisant la question du cannibalisme dans le cinéma zombique, il a donné un but en soi à ces créatures : les zombies ne sont plus, comme dans la tradition haïtienne, les esclaves d'un sorcier, ce sont des monstres dont l'unique volonté est de manger.

> In redefining the dead –quite literally– as consumers, [*Night of the Living Dead*] introduced what became one of the modern zombie movie's dominant metaphors: living death as an analogue for late-stage capitalism[2]".

La question du consumérisme est sans doute plus évidente encore dans le deuxième film de la saga des zombies de Romero, *Dawn of the Dead*, dont une

---

1 COULOMBE Maxime, *Petite philosophie du zombie*, 2012, p. 60.
2 OLNEY Ian, *op. cit.*, p. 50.

partie de l'action se déroule dans un *mall* encerclé par les créatures. Dans le film comme dans son *remake*, réalisé par Zack Snyder, les personnages s'interrogent sur ce qui pousse une telle foule de zombies à se rassembler autour du centre commercial, et si la réponse apportée dans les deux films mentionne la mémoire et l'instinct, le personnage de Stephen ajoute un commentaire dans l'original : « This was an important place in their lives ». Les trois décennies qui ont séparé le début des années 1960 de la fin des années 1980 ont marqué l'apogée du *mall* américain : entre 1957 et 1976, le nombre de grands centres commerciaux dans le pays a été multiplié par 20, et à la fin des années 1970, les quatre cinquièmes des nouvelles boutiques aux États-Unis ouvraient leurs portes à l'intérieur d'un *mall*[1]. Au-delà d'un simple espace de consommation, il s'agissait d'un véritable lieu de socialisation où les Américains pouvaient se retrouver et pratiquer leurs loisirs ensemble. Si les zombies viennent s'assembler compulsivement autour du centre commercial dans le film de Romero, c'est en raison de ce que Bailey appelle « the twin calls of the mall: an instinctual psychological lure, which [Romero] ties to addictive consumption [...], and an embodied memory of a social habitat seeking renewal[2] ». Dans le *remake*, réalisé 25 ans plus tard, cette dimension sociale n'a pas totalement disparu, mais elle est devenue plus négligeable par rapport à la dimension capitaliste du *mall*. Les zombies y reviennent toujours sous l'effet de l'instinct ou de la mémoire selon Kenneth, mais la fin de la réplique met l'accent non plus sur le lieu en lui-même, mais sur ce qu'il contient : « Maybe they're coming for us ». Les zombies ne se rassemblent pas autour du *mall* dans l'espoir de pouvoir recréer une forme de lien social, mais parce que ce qu'ils souhaitent consommer à présent, c'est ce « *us* » qui désigne les survivants et qui se trouve, comme de leur vivant, à l'intérieur de ce temple de la consommation qu'est le centre commercial. C'est peut-être en référence au film de Romero que les espaces commerciaux se retrouvent de manière récurrente dans les fictions de zombies, où ils deviennent des espaces d'approvisionnement cruciaux pour la survie des héros : ainsi dans *28 Days Later*, la scène où Jim et ses trois compagnons arpentent les allées d'un supermarché en garnissant leurs caddies de denrées alimentaires plus ou moins indispensables se distingue du reste du film de par sa luminosité et la musique joyeuse qui l'accompagne, et signale que ce passage dans cet espace dédié à la consommation leur offre un plongeon rassurant dans le monde qu'ils ont connu. Pourtant la consommation, identifiée dans cette scène comme un plaisir simple et rassurant, demeure dans le cinéma de zombies la prérogative des monstres qui lui ont donné son nom, et acquiert ainsi une dimension dangereuse et déshumanisante.

---

1   BAILEY, Matthew, « Memory, Place and the Mall: George Romero on Consumerism », *Studies in Popular Culture*, Vol. 35, n° 2, printemps 2013, p. 99.

2   *Ibid.*, p. 102.

C'est notamment la représentation qui en est donnée dans le film de 2016 *The Girl With All the Gifts*, adapté du roman de M. R. Carey. Le choix du terme de « *hungries* », ou « voraces » dans la version française, pour désigner les zombies n'est pas anodin, ni le traitement de la question de la faim dans le film. Le personnage de Melanie, certes infectée, mais capable de maîtriser ses pulsions et de s'éloigner des autres avant d'avoir faim afin d'éviter de les mettre en danger, y est opposé à celui de Kieran, un soldat qui se cache pour manger ce qu'il trouve afin de ne pas avoir à partager sa nourriture avec le reste du groupe. La consommation devient, au travers de ce personnage, un geste égoïste et même dangereux : plus tard dans le film, alors qu'il est parti chercher de la nourriture pour l'ensemble du groupe qui souffre de la faim, Kieran s'introduit dans une supérette où il mange plutôt que de rassembler des vivres pour les autres, puis se retrouve encerclé et tué par un groupe d'enfants voraces. La mort du soldat, qui suit immédiatement l'acte de consommer et en est en fait la conséquence directe (puisque les enfants ont piégé Kieran en semant des boîtes de conserve devant l'entrée du magasin), prend ainsi des allures de punition : c'est parce que Kieran a pensé avant tout à son propre plaisir et pas au bien commun qu'il ne s'en sort pas vivant. Cet appétit boulimique et mortifère qui caractérise Kieran, mais aussi les zombies filmiques de manière générale, n'est pas sans rappeler le supplice de Tantale, condamné à ne jamais pouvoir satisfaire sa faim pour le punir d'une double faute : avoir tué son fils et l'avoir servi aux dieux en guise de repas. Comme Tantale, qui a trahi sa descendance et a tenté de créer chez les autres un appétit coupable, le zombie du XXIe siècle se voit puni de décennies de consommation abusive et destructrice. Dans *The Girl With All the Gifts*, cette critique de la société contemporaine et de son impact destructeur sur l'écologie est très claire : la zombification y est intrinsèquement liée à la nature puisqu'elle est le résultat d'une contamination par les spores d'un champignon parasite existant réellement. L'origine de la mutation du champignon n'est pas connue (bien que la possibilité d'une manipulation scientifique soit mentionnée dans le roman), mais ce choix scénaristique s'inscrit dans la lignée d'autres films épidémiques, qui dénoncent l'action humaine comme étant responsable de l'apparition de nouvelles maladies : au-delà des expériences en virologie déjà évoquées, la déforestation est pointée du doigt dans *Contagion* de Steven Soderbergh (une chauve-souris délogée de son habitat naturel mord un porc, lequel infecte ensuite le cuisinier qui prépare sa viande), et un accident industriel est responsable de l'apparition des zombies dans *Busanhaeng*, de Yeon Sang-ho. C'est ce discours récurrent qui amenait déjà Sarah Juliet Lauro à parler du zombie comme une incarnation populaire de l'écocritique et de l'écophobie en 2011 :

The eco in 'eco-zombie' does not merely stand for 'eco-criticism': rarely do zombie narratives overtly further an environmentalist stance by arguing for more protections for the planet. It also stands for 'eco-phobia,' an increasingly pervasive attitude fearful of Nature's power [...]. As I define it, the eco-zombie does not denigrate or vilify Mother Nature, it merely returns to her an animating power that distinctly identifies Nature as without the province of man's control[1].

Ce retour à une faim primitive et inhumaine s'associe à la fragilité rendue flagrante du pouvoir de l'humain sur la nature pour composer, au travers du cinéma de zombies, une forme d'écocritique, un message anticonsumériste métaphorique qui se transmet via la culture populaire. L'individu contemporain met son propre intérêt avant tout, consommant sans relâche et attendant que l'on produise pour satisfaire ses moindres désirs, à l'image du héros de *Busanhaeng*, courtier en bourse qui laisse son travail dévorer sa vie de famille et dont les spéculations financières ont une influence directe sur la gestion de l'usine qui finit par être responsable de la catastrophe. À ce titre, il se différencie difficilement du zombie, qui ne cesse jamais de manger et de se reproduire, transformant les survivants en objets pouvant être consommés et/ou contaminés. Dans le cadre de ce discours critique, qui aborde rarement la question d'un vaccin ou d'une autre solution durable, c'est sans aucun doute *The Girl With All the Gifts* qui offre la résolution la plus radicale. Lorsque Melanie met le feu au plant de *fungus* afin de libérer les spores dans l'air et d'infecter les derniers survivants, c'est tout un modèle économique et social qu'elle laisse partir en fumée. Elle conserve néanmoins l'une de ses représentantes, Miss Justineau, qui servira d'institutrices aux enfants ayant développé une symbiose avec le champignon, soulignant ainsi que la nouvelle génération est prête à apprendre de l'ancienne pour ne pas répéter ses erreurs. « It's not over », affirme Melanie au sergent Parks, qui pense voir le monde prendre fin sous ses yeux. « It's just not yours anymore ».

Conclusion : un monstre pandémique et durable

Le zombie, monstre emblématique du cinéma de série B, n'a cessé d'évoluer au fil du temps, et cristallise aujourd'hui, au travers de son incarnation épidémique, des angoisses à la fois ancestrales et très contemporaines. Sa complexité s'est construite au fil du cinéma, et le zombie qui hante aujourd'hui nos écrans est qualifié par Reyes de « palimpseste[2] ». Ce monstre questionne la masse tout en l'incarnant, il semble donc particulièrement approprié qu'il fasse aujourd'hui partie de la culture de

---

1   LAURO Sarah Juliet, *op. cit.*, p. 59.
2   ALDANA REYES Xavier, *op. cit.*, p. 89.

masse, une question qui apparaît, mêlée d'une réflexion sur le néocolonialisme, dans le film *Zombi Child* de Bertrand Bonello (2019). Le réalisateur revient aux racines du mythe du zombie en situant une partie de son intrigue en Haïti autour de la figure de Clairvius Narcisse, un homme qui aurait réellement subi une zombification au milieu du XXe siècle. Des années plus tard la descendante de Narcisse, Melissa, fait entrer l'idée de ce qu'est vraiment le zombie dans l'élitiste pensionnat de la Légion d'honneur où elle évolue sous le regard fasciné et très essentialisant de Fanny. Sa camarade blanche va s'approprier cette histoire, au point d'exiger de la tante de Melissa qu'elle la zombifie afin d'échapper à la souffrance d'une rupture amoureuse. Dans une table ronde au 57e New York Film Festival en janvier 2020, Bonello a abordé la question en soulignant qu'il s'est efforcé de traiter le personnage de Fanny comme naïf et innocent et non pas ouvertement colonisateur, et de porter un regard empathique sur ses personnages d'adolescentes en général[1]. La critique du néocolonialisme semble pourtant évidente dans le film, où Fanny est persuadée que sa position sociale et son argent lui donnent le droit d'acheter la voix d'une femme haïtienne, et ainsi de faire sienne une culture qu'elle ne connaît pas et ne comprend pas.

Le zombie contemporain, séparé la plupart du temps de ses racines haïtiennes, est en réalité un monstre colonisé, qui a été progressivement dévoré par la culture de masse occidentale. La métaphore de la contamination prend elle aussi corps au travers de la figure du zombie, qui se reproduit sans cesse à l'écran, dans la littérature et dans les pratiques sociales, et c'est aujourd'hui toute la culture populaire qui se voit zombifiée, infectée par le goût pour ce monstre et pour les discours critiques dont il est porteur. La sortie, récente ou prochaine, de films autour des personnages de *The Walking Dead*, d'une suite au film coréen *Busanhaeng* (intitulée *Peninsula*), et d'un jeu vidéo basé sur le roman et le film *World War Z* témoigne également de la capacité des fictions zombiques à maintenir l'attention de leur public sur le long terme, et garantit que les zombies tels que nous les connaissons aujourd'hui n'ont pas fini de nous envahir.

Filmographie

ROMERO George A. (réal.), *The Night of the Living Dead*, 1968. Image Ten, 96 min.

ROMERO George A. (réal.), *The Crazies*, 1973. Pittsburgh Films, 103 minutes.

ROMERO George A. (réal.), *Dawn of the Dead*, 1978. Laurel Group, 126 minutes.

FULCI Lucio (réal.), *Zombi 2*, 1979. Variety Film, 91 minutes.

---

1 BONELLO Bertrand. « Bertrand Bonello on *Zombi Child*, Voodoo and Haitian History », conférence au 57ème New York Film Festival, octobre 2019.

BOYLE Danny (réal.), *28 Days Later*, 2002. DNA Films/UK Film Council, 113 min.

SNYDER Zack (réal.), *Dawn of the Dead*, 2004. Strike Entertainment/New Amsterdam Entertainment, 100 minutes.

WRIGHT Edgar (réal.), *Shaun of the Dead*, 2004. Studio Canal/WT² Productions/Big Talk Productions, 99 minutes.

LAWRENCE Francis (réal.), *I Am Legend*, 2007. Village Roadshow Pictures /Weed Road Pictures / Overbrook Entertainment / Heyday Films / Original Film, 101 min.

MEIRELLES Fernando (réal.), *Blindness*, 2008. Rhombus Media, 121 minutes.

FLEISCHER Ruben (réal.), *Zombieland*, 2009. Columbia Pictures/Relativity Media/Pariah, 88 minutes.

EISNER Breck (réal.), *The Crazies*, 2010. Overture Films/Participant Media, 101 min.

DARABONT Frank et KIRKMAN Robert (création), *The Walking Dead*, 2010-présent. Idiot Box Productions /Circle of Confusion /Skybound Entertainment/Valhalla Entertainment/AMC Studios.

SODERBERGH Steven (réal.), *Contagion*, 2011. Participant Media/Imagenation Abu Dhabi/Double Feature Films, 106 minutes.

LEVINE Jonathan (réal.), *Warm Bodies*, 2013, Make Movies/Mandeville Films, 98 min.

FORSTER Marc (réal.), *World War Z*, 2013. Skydance Productions/Hemisphere Media Capital/GK Films/Plan B Entertainment/2DUX², 116 minutes.

YEON Sang-Ho (réal.), *Busanhaeng*, 2016. Next Entertainment World/RedPeter Film, 118 minutes.

MCCARTHY Colm (réal.), *The Girl With All the Gifts*, 2016. British Film Institute/Creative England/Altitude Film Entertainment/Poison Chef, 111 min.

ROCHER Dominique (réal.), *La Nuit a dévoré le monde*, 2018. Haut et Court/Canal+/Ciné+/What the Film/CNC, 94 minutes.

BONELLO Bertrand (réal.), *Zombi Child*, 2019. My New Pictures/Les Films du Bal, 103 minutes.

JARMUSCH Jim (réal.), *The Dead Don't Die*, 2019. Kill the Head/Longride/Animal Kingdom/Chimney/Film i Väst, 103 minutes.

Bibliographie

ALDANA REYES Xavier, « Contemporary Zombies », *in* WESTER Maisha et ALDANA REYES Xavier, *Twenty-First-Century Gothic – An Edinburgh Companion*, Édimbourg: Edinburgh University Press, 2019, p. 89-101.

BAILEY Matthew, « Memory, Place and the Mall: George Romero on Consumerism », *Studies in Popular Culture*, Vol. 35, n° 2, printemps 2013, p. 95-110.

BISHOP Kyle, « Raising the Dead. Unearthing the Nonliterary Origins of Zombie Cinema », *Journal of Popular Film and Television*, Vol. 33, n° 4, 2006, p. 196-205.

BISHOP Kyle, « Dead Man Still Walking: Explaining the Zombie Renaissance », *Journal of Popular Film and Television*, Vol. 37, n° 1, 2009, p. 16-25.

BONELLO Bertrand, « Bertrand Bonello on *Zombi Child*, Voodoo and Haitian History », conférence au 57ᵉ New York Film Festival, octobre 2019. URL : www.youtube.com/watch?v=T-Mpzuk9kAk

CAREY Mike R., *Celle qui a tous les dons*, Paris : Livre de poche, trad. N. Mège, 2018.

CARRIER-LAFLEUR Thomas et BOISVERT DUFRESNE Élise, « À travers ces cadavres mobiles et sans âme – Entrevue avec Olivier Schefer », *Chameaux*, nº 4, automne 2011, p. 123-135.

CLÉMOT Hugo, « Une lecture des films d'horreur épidémiques », *Tracés*, nº 21, 2011, p. 167-184.

COULOMBE Maxime, *Petite philosophie du zombie*, Paris : Puf, 2012.

DREZNER Daniel, « Metaphor of the Living Dead: Or, the Effect of the Zombie Apocalypse on Public Policy Discourse », *Social Research*, Vol. 81, nº 4, hiver 2014, p. 825-849.

EBERT Roger, « 28 Days Later », *Chicago Sun-Times* [en ligne], 27 juin 2003 [consulté le 19 juin 2021]. URL : https://www.rogerebert.com/reviews/28-days-later-2003

FEHRLE Johannes, « "Zombies Don't Recognize Borders": Capitalism, Ecology, and Mobility in the Zombie Outbreak Narrative », *American Studies*, Vol. 61, nº 4, 2016, p. 527-544.

INGUANZO Ozzie, *Les zombies au cinéma*, trad. Frédéric Le Berre, Paris : Hoëbeke. 2017.

LAURO Sarah Juliet, « The Eco-Zombie: Environmental Critique in Zombie Fiction », *in* BOLUK Stephanie & LENZ Wylie (eds.), *Generation Zombie: Essays on the Living Dead in Modern Culture*, Jefferson (NC): McFarland, 2011, p. 54-66.

MATHESON Richard, *I Am Legend*, New York: Tor Books, 2007.

MONTESQUIEU, *Lettres Persanes* [1721], Paris : Hatier, 2019 [1721].

MORIN Edgar, *L'Homme et la mort*, Paris : Seuil, 1976.

OLNEY Ian, *Zombie Cinema*, Newark (NJ) : Rutgers University Press, 2017.

PELOSATO Alain, *Zombies au cinéma*, Saint-Denis : Édilivre Aparis, 2012.

PELOSATO Alain, *123 ans de cinéma fantastique et de SF : Essais et données pour une histoire du cinéma fantastique 1895-2019*, Givors : sfm éditions, 2019.

PETRETTO Cecilia, « Attack of the Living Dead Virus: The Metaphor of Contagious Disease in Zombie Movies », *Journal of the Fantastic in the Arts*, vol. 17, nº 1, printemps 2006, p. 21-32.

ROUYER Philippe, *Le Cinéma gore. Une esthétique du sang*, Paris : Le Cerf, 1997.

SALIBA Jacques, « Le Corps et les constructions symboliques », *Socio-anthropologie* [en ligne], nº 5, 1999 [consulté le 19 juin 2021]. URL : http://socio-anthropologie.revues.org/index47.html

SIPOS Thomas M., *Horror Film Aesthetics: Creating the Visual Language of Fear*, Jefferson (NC): McFarland, 2010.

SMITH Richard Harland, « The Battle Inside: Infection and the Modern Horror Film », *Cineaste*, Vol. 35, nº 1, décembre 2009, p. 42-55.

Des zombies au Covid-19, l'interminable apocalypse

Manouk Borzakian

Géographe – Chercheur associé au laboratoire Médiations (Sorbonne Université)

Introduction : Un air de déjà-vu

Un puma s'aventurant dans les rues de Santiago du Chili, des biches occupant la chaussée dans la ville japonaise de Nara, des cerfs investissant l'espace public dans l'Essex, des oiseaux de mer et des poissons barbotant dans les eaux claires des canaux de Venise : durant le confinement imposé par plusieurs États au printemps 2020, la presse a relayé d'innombrables anecdotes et photographies d'animaux se promenant dans des espaces désertés par les humains. Nous nous sommes – brièvement – habitués à ce que la faune sauvage se risque, en plein jour, dans nos villes, en contradiction avec nos représentations de l'espace parmi les plus fondamentales.

Aux yeux des amateurs de cinéma postapocalyptique[1], de telles images, générées par la pandémie de Covid-19, revêtaient une étonnante familiarité. En 1985, dans la scène introductive du *Jour des morts-vivants*, de George A. Romero, un alligator se prélasse au pied d'un immeuble en Floride. Dans *L'Armée des douze singes*, de Terry Gilliam (1995), Bruce Willis croise dans Philadelphie un ours, puis un lion. Dans *Je suis une légende*, de Francis Lawrence (2007), une lionne surgit dans Manhattan pour disputer à Will Smith le cerf qu'il tenait dans la lunette de son fusil. En 2016, enfin, Colm McCarthy met en scène, dans *The Last Girl : Celle qui a tous les dons*, des plantes invasives perçant et recouvrant le ciment londonien. On peut multiplier les exemples plus ou moins spectaculaires de la manière dont, dans le cinéma postapocalyptique en général et les films de zombies en particulier, la végétation et la faune sauvage colonisent les espaces minéralisés.

---

[1] Dans la suite de cette contribution, j'utilise le terme cinéma par confort linguistique, pour désigner les productions audiovisuelles, y compris donc les séries télévisées.

Cet air de déjà-vu soulève plusieurs questions. Il interroge, premièrement, les liens entre fiction et réalité, en particulier la capacité de la première à « prévoir » la seconde. Selon l'adage, il semble que, dans le cas de la pandémie de coronavirus, la réalité ait rattrapé la (science-)fiction ou, symétriquement, que la fiction postapocalyptique ait en partie anticipé la crise actuelle. Deuxièmement, la situation incite à reprendre, pour les compléter ou les modifier, les interprétations les plus courantes du cinéma et de la littérature postapocalyptiques, en lien avec ce que nous vivons. Quels sont les points communs, les variations, les ruptures ? Troisièmement, la fiction peut être porteuse d'éléments facilitant la compréhension de la période que nous traversons, de clés de lecture sociales et politiques.

Dans cette contribution, je me propose d'explorer ces trois pistes à la lumière d'un travail antérieur sur les films de zombies[1]. Je pars pour cela du principe que les invasions zombies relèvent, structurellement, d'une forme de pandémie : c'est explicite pour une génération de films commençant avec *28 Jours plus tard* (Danny Boyle, 2002) et dont le roman de Richard Matheson, *Je suis une légende* (1954) et le film de George A. Romero *La Nuit des fous vivants* (1973) sont des précurseurs ; c'est à peine moins évident pour la série de films inaugurée en 1968 par *La Nuit des morts-vivants* (toujours de Romero), dans lesquels les zombies sont des morts revenus à la vie et non les porteurs d'une maladie contagieuse, mais dont la structure narrative et les enjeux sont similaires.

Il faut souligner cet adverbe : *structurellement*. Une vaste littérature a cherché à interpréter la figure du zombie. Entre autres, on a pu voir dans le zombie cannibale et sans conscience une métaphore de l'individu consommateur aliéné, un retour du refoulé des fondements de la prospérité occidentale ou encore une angoisse liée à la mauvaise conscience raciste de l'Occident (néo-)colonial[2]. Ces lectures stimulantes tendent à reléguer au second plan un autre aspect, crucial, des films de zombies : ceux-ci mettent moins en scène les zombies eux-mêmes que les groupes de personnages qui leur font face et tentent d'organiser leur survie. C'est ici que les points communs avec la pandémie de Covid-19 deviennent clairs : si les films de zombies nous parlent de nous, c'est parce qu'ils mettent en scène les sociétés occidentales – et, au-delà, celles ayant fait le choix de l'économie de marché – face à une crise venant saper leurs fondements. Qu'on les associe aux migrations de masse, aux maladies contagieuses ou au dérèglement climatique

---

1 BORZAKIAN Manouk, « Géographie morte-vivante. Les espaces indéterminés des zombies », *Annales de géographie* n° 695-696, 2014, p. 687-705 ; BORZAKIAN Manouk, *Géographie zombie, les ruines du capitalisme*, 2019.

2 Pour quelques exemples, voir notamment THORET Jean-Bapt. (dir.), *Politique des zombies*, 2007.

change peu de choses de ce point de vue. Ma démarche consiste moins à identifier des liens entre les zombies et un virus contagieux qu'entre les stratégies élaborées par les populations concernées : c'est dans ces similitudes structurelles que se trouvent, à mon sens, des pistes de réflexion porteuses.

L'hypothèse générale guidant ma relecture de l'imaginaire zombie à la lumière de la pandémie de Covid-19 est double. Si l'on admet que la résurgence de la « nature » dans les espaces urbanisés est un point commun parmi d'autres entre la réalité pandémique et la fiction postapocalyptique, alors on peut affirmer que, en un sens, les sociétés occidentales étaient « préparées » à cette situation. Dès lors, première hypothèse, le virus est un avatar d'angoisses diffuses circulant dans l'inconscient occidental depuis quelques décennies. Seconde hypothèse, les réactions face à la pandémie sont la reproduction de réflexes déjà ancrés dans les imaginaires collectifs.

Pour explorer cette double hypothèse, ma contribution se divisera en trois parties. Je commencerai par examiner dans quelle mesure on retrouve, dans la situation pandémique, le « déficit de lieu » que j'ai identifié dans le cinéma zombie, en cela représentatif de la « postmodernité ». Puis je montrerai les similitudes entre les réactions des personnages affrontant une invasion zombie et celles de nos sociétés face à la pandémie de Covid-19, en particulier la tendance à recréer des lieux clos pour satisfaire un « désir d'ici ». Cela me mènera à interroger la dimension politique de ces réactions, en lien avec la notion de « post-politique ». Enfin, je tenterai en conclusion de montrer en quoi ces trois points alimentent une réflexion plus générale sur les liens entre réalité et fiction en sciences humaines et sociales.

Postmodernité et espace liquide

Les zombies, comme la pandémie de Covid-19, bouleversent l'ordre géographique et donc notre rapport individuel et collectif au monde. Ils marquent l'avènement d'un monde où les repères sociaux et spatiaux viennent à manquer, instaurant un climat d'incertitude permanente. En somme, ils mènent à leur terme les descriptions de la « postmodernité » ou de la « modernité liquide » proposées dans les années 1980 et 1990.

L'ordonnancement spatial du monde

Dans un ouvrage de 1952[1], passé inaperçu à l'époque, mais redécouvert depuis, le géographe Éric Dardel s'inspire de la phénoménologie pour poser les bases d'une géographie « humaniste ». Il y définit la « géographicité » de

---

1 DARDEL Éric, *L'Homme et la Terre*, 1952.

l'humain, c'est-à-dire les modalités de sa relation à l'espace, comme un « mode de son existence » : l'espace terrestre, parce qu'il s'offre à l'être humain comme une « expérience primitive » faite de résistances et de contraintes, mais aussi d'attractions et d'opportunités, constitue un fondement de l'existence, de l'être au monde de l'humanité. Face à l'expérience fondatrice de l'espace, avec ses irrégularités et son opacité, une réaction primitive de l'espèce humaine est de qualifier l'espace, de l'interpréter : elle le mesure, le découpe, en nomme différentes parties, lui donne du sens et, *in fine*, l'aménage.

L'anthropologie a elle aussi souligné que l'un des actes fondateurs de toute vie sociale consistait à doter l'espace de points de repère. Mircea Eliade et Roger Caillois, dans leurs travaux sur le sacré[1], rappellent comment les sociétés donnent du sens à ce qui les entoure en y identifiant des manifestations du sacré, permettant l'établissement de points de référence à partir desquels orienter, mesurer et organiser l'espace. Marc Augé parle, à propos de tels processus, d'un travail de « symbolisation » de l'espace permettant de rendre celui-ci « lisible », dans le cadre plus large d'une « mise en ordre du monde ». Sur la base de cette mise en ordre, qui apparaît aux membres du groupe comme un *a priori*, peut se construire une expérience commune du monde.[2]

On le devine avec ce qui précède, au-delà de l'universalité de ce travail de mise en ordre spatiale, les modalités de découpage, de symbolisation et, plus largement, d'appropriation de l'espace varient selon les époques et les contextes socioculturels. Chaque culture – au sens d'un groupe partageant un ensemble de savoir-faire, de connaissances, d'habitudes et d'idées intériorisées par les individus durant le processus de socialisation – interagit avec l'espace de manière propre. Dans des termes phénoménologiques[3], le « milieu » permet de désigner cette relation particulière qu'entretient une société avec l'espace, et le sens de cette relation est irréductible aux autres sociétés : individuellement et collectivement, nous percevons dans l'espace qui nous entoure des éléments à la fois objectifs (du domaine de la sensation) et subjectifs (du domaine de la signification) dépendant de notre bagage culturel. Phénomène complémentaire, l'espace, en tant qu'il est symbolisé, sert de support au travail de construction identitaire des groupes et des individus : il participe de l'idée que se fait un groupe de son rapport au territoire, au temps et aux autres collectivités humaines[4].

---

1   CAILLOIS Roger, *L'Homme et le sacré*, 1939 ; ELIADE Mircea, *Le Sacré et le Profane*, 1939.

2   AUGÉ Marc, *Pour une anthropologie des mondes contemporains*, 1994.

3   Sur la notion de « milieu », je m'appuie pour ce qui suit sur BERQUE Augustin, *Médiance, de milieu en paysages*, 2000.

Le géographe britannique Tim Cresswell[1] adopte ce point de départ théorique d'une expérience humaine du monde par le biais de l'espace et, plus spécifiquement, d'un rapport de co-construction entre espace et société. Il ajoute, dans une perspective plus sociologique, que l'espace participe, au sein d'une société, à situer les individus et les groupes dans une structure sociale : les divisions de classe, de race et de genre – et l'idéologie qui les justifie – se manifestent notamment par des attentes quant à des comportements dans l'espace. Les lieux, leur signification et ce qu'il est convenable – ou simplement possible – ou non d'y faire selon qui l'on est, tout cela relève d'un ordre social naturalisé, intériorisé par les membres du groupe. Les normes sociospatiales déterminent ainsi ce qui est « à sa place » (*in place*) ou non (*out of place*). Si le travail de Cresswell possède une indiscutable portée critique, en particulier quand il étudie les pratiques de transgression de l'ordre sociospatial, il souligne également combien cet ordre est une condition de l'action dans un monde structuré et signifiant.

Le désordre spatial

En somme, le travail d'appropriation matérielle et symbolique de l'espace constitue le fondement de toute action individuelle et collective dans un monde porteur de sens. L'agencement relativement stable des lieux, des objets et des personnes, ainsi que les significations qu'on lui associe, pour critiquables qu'ils puissent être, nous permettent d'évoluer dans le monde, d'agir et d'interagir. Or, c'est précisément cet ordre symbolique que met en péril l'irruption des zombies ou du coronavirus.

Il ne s'agit certes pas d'un phénomène inédit. Déjà à l'époque médiévale, par exemple, les grandes épidémies venaient bousculer les routines individuelles et collectives en déstructurant les composantes de l'environnement familier[2]. Mais l'intérêt ici est de se demander dans quelle mesure, dans la deuxième moitié du XXe siècle, l'instabilité des repères spatiaux structurant les sociétés occidentales relève non d'événements isolés, mais d'un phénomène structurel. Les années 1970 et 1980 ont été marquées par deux chocs pétroliers, le retour en grâce des théories néolibérales, l'essoufflement du modèle de production fordiste et la contre-révolution

---

4 AUGÉ Marc, *Non-Lieux*, 1992. Pour ne pas surcharger le propos, je laisse de côté la question, pourtant cruciale, des dangers d'une définition essentialiste de la culture comme réalité homogène. Il n'existe pas de cultures au sens de totalités fermées, au sein desquels évolueraient des individus « moyens », mais au sens de réalités en mouvement permanent et soumises à des rapports de force fluctuants.

1 CRESSWELL Tim, *In Place/Out of Place. Geography, Ideology and Transgression*, 1996.

2 DELUMEAU Jean, *La Peur en Occident*, 1976.

conservatrice illustrée notamment par l'arrivée au pouvoir de Margaret Thatcher et Ronald Reagan. S'est ainsi ouverte une période marquée par l'incertitude, phénomène renforcé par l'effondrement de l'Union soviétique – et donc d'un ordre mondial fondé sur un affrontement binaire entre Est et Ouest – et le développement des nouvelles technologies de l'information et de la communication.

Pour désigner ces profondes transformations traversant les sociétés occidentales de la fin du XXe siècle, plusieurs termes ont émergé au sein de la théorie sociale, souvent proches dans leur signification. Ainsi de la notion de « postmodernité », qui désigne pour Fredric Jameson[1] une époque succédant à la modernité, marquée par le règne de l'hétérogène, du fragmentaire et du multiple et, d'un point de vue spécifiquement spatial, par la difficulté toujours plus grande pour les individus de se situer au sein d'un réseau global décentré. Au-delà des querelles théoriques, les termes « surmodernité[2] » et « modernité liquide[3] » rendent compte de phénomènes similaires : accélération de l'histoire, rétrécissement de l'espace, nécessité pour les individus de s'adapter continuellement à une réalité mouvante, responsable d'une précarité et d'une insécurité permanentes, etc.

À ce diagnostic, qui s'est enrichi et précisé durant près d'un demi-siècle, sont venus s'ajouter des éléments nouveaux dans les années 2000. D'une part, les attaques du 11 septembre 2001 ont – encore – perturbé l'ordre géopolitique mondial, révélant la vulnérabilité des puissances occidentales face à une menace diffuse à l'origine mal identifiée[4]. Du point de vue occidental, le danger semble s'être rapproché du fait du rétrécissement de l'espace, réduisant à néant le sentiment de sécurité que pouvait conférer la distance[5]. D'autre part, le XXIe siècle a débuté sous le signe des inquiétudes face au dérèglement climatique et, plus largement, de l'idée – omniprésente à défaut d'être consensuelle – que nous serions entrés dans l'Anthropocène, période géologique caractérisée par la capacité des activités humaines à modifier les grands équilibres écologiques planétaires[6].

---

1 JAMESON Fredric, *Postmodernism, or, The Cultural Logic of Late Capitalism*, 1991.

2 AUGÉ Marc, *Non-Lieux, op. cit.*

3 BAUMAN Zygmunt, *Liquid Modernity*, 2000.

4 Voir par exemple LUKE Timothy W., « Postmodern Geopolitics: The Case of the 9.11 Terrorist Attacks », *in* AGNEW J. A., MITCHELL K., TOAL G. (dir.), *A Companion to Political Geography*, 2003, p. 219-235.

5 PAIN Rachel, SMITH Susan J. (dir.), *Fear: Critical Geopolitics and Everyday Life*, Farnham: Ashgate, 2008.

6 BONNEUIL Christophe, FRESSOZ Jean-Baptiste, *L'événement anthropocène. La Terre, l'histoire et nous*, 2013.

L'hypothèse générale que j'ai développée ailleurs est que les zombies ne se réduisent pas à la métaphore d'une menace spécifique, mais rendent compte d'une angoisse diffuse, au cœur des sociétés contemporaines, liée à l'ensemble des transformations dont est porteuse la postmodernité telle que je viens de la résumer. Dans les films de zombies, les personnages affrontent une décomposition des repères géographiques et un brouillage des découpages sociaux et spatiaux, à propos desquels j'ai parlé de « déficit de lieux » et d'« espace liquide » : des lieux familiers ne remplissent plus leur fonction matérielle ou symbolique, l'environnement est globalement perçu comme hostile et pathogène et l'espace est soumis à des reconfigurations permanentes et imprévisibles – une idée poussée à son paroxysme dans *Dernier train pour Busan*, du Sud-Coréen Yeon Sang-ho (2016), dans lequel l'espace d'un train à grande vitesse subit des modifications incessantes, contraignant les protagonistes à s'adapter continuellement.

Écho spécifique aux inquiétudes écologiques agitant les sociétés occidentales depuis les années 1970, c'est le cycle naturel qui semble se dérégler dans *The Dead Don't Die*, de Jim Jarmush (2019) : les plantes ne sont plus à leur place, ni n'éclosent au moment attendu. Colm McCarthy va encore plus loin dans *The Last Girl : Celle qui a tous les dons* (2016), imaginant l'émergence d'une espèce hybride, humaine et végétale, menaçant de supplanter l'Homo sapiens : foin de la frontière la plus fondamentale héritée de la modernité, entre nature et culture.

Le virus apparu à la fin de l'année 2019 génère le même genre d'instabilité et d'incertitude généralisées : il est invisible, aux origines et aux conséquences mal connues – les unes et les autres générant fantasmes et discours contradictoires, y compris de la part des autorités scientifiques – et susceptible de muter, et il se joue des frontières matérielles et symboliques. Le Covid-19 s'est érigé en une menace diffuse, capable de s'immiscer jusque dans nos corps et de mettre en péril notre intégrité physique, à la manière d'une morsure zombie fragilisant notre être et questionnant ce qui fait notre humanité. Sans compter le degré supplémentaire d'incertitude lié à la fiabilité limitée des tests de dépistage et à l'existence de porteurs sains et de « super-propagateurs » – rappelant les deux enfants de *28 Semaines plus tard*, de Juan Carlos Fresnadillo (2007).

En somme, alors que *Contagion*, réalisé en 2011 par Steven Soderbergh, annonçait, sur un mode quasi documentaire et avec une prescience remarquable, la pandémie de 2019-2020, les zombies ont plutôt dépeint, de manière métaphorique, une ambiance générale. Dans ce cadre, la pandémie n'est qu'un phénomène de plus, un élément supplémentaire venant renforcer une impression de liquéfaction de nos repères sociospatiaux. Elle pose par conséquent la même question : comment les sociétés réagissent-elles, quelles mesures mettent-elles en place pour à la fois contenir la menace et lui donner du sens ?

Le prix de l'enfermement

Confrontés à une incertitude spatiale chronique, individus et groupes tentent de remettre de l'ordre, c'est-à-dire de tracer des lignes de démarcation. Mais que vaut une telle stratégie et relève-t-elle d'une approche rationnelle de la situation ?

À l'abri du monde

Au lendemain des attaques du 11 septembre, le discours prononcé par George W. Bush visait principalement à tracer des lignes entre le Bien et le Mal, lignes si possible identifiables sur une carte et sur le terrain[1]. Le président nord-américain, confronté à une menace insaisissable et mal définie géographiquement, enjoint les pays du monde à clarifier leur *position* en s'engageant aux côtés des forces occidentales, en dehors d'un supposé « axe du mal » : il réclame l'avènement (le retour ?) d'un monde binaire, avec un dedans et un dehors, un « nous » et un « eux ». De même, lorsqu'Emmanuel Macron, au printemps 2020, parle de « guerre » à propos de la pandémie de coronavirus, il ne s'agit pas seulement pour lui de jouer la carte politique d'une « union sacrée », appelant la nation à se rassembler derrière un leader se mettant en scène en chef militaire. Cela lui permet aussi de tracer une ligne de front, au moins virtuelle, autrement dit une *limite* entre un ici et un là-bas, comme horizon d'action et outil d'ordonnancement du monde.

De tels discours se sont accompagnés de mesures concrètes et des frontières matérielles ont surgi en vue d'endiguer la pandémie. Fin 2019, les autorités chinoises ont mis en quarantaine la ville de Wuhan, puis la province de Hubei, avec ses 60 millions d'habitants. Quelques mois plus tard, le gouvernement italien a isolé plusieurs villes lombardes. Puis plusieurs gouvernements européens ont accentué le contrôle de leurs frontières nationales, limitant ou interdisant la circulation des personnes.

Encore une fois, cette obsession des limites topographiques, permettant de séparer des territoires contigus à l'aide de dispositifs matériels –

---

1 SHARP Joanne P., « Critical geopolitics », *in* CLOKE P., CRANG P., GOODWIN M. (dir.), *Introducing Human Geographies*, 2013, p. 530-541.

barricades, murs, cordons militaires ou autres –, occupe depuis longtemps une place centrale dans l'imaginaire géographique collectif et, plus spécifiquement, dans les films de zombies. Déjà dans *La Nuit des morts-vivants*, le héros Ben consacre toute son énergie à barricader la maison dans laquelle il a trouvé refuge, geste fondateur qu'on retrouvera dans la quasi-totalité de la filmographique zombie. Face aux hordes de morts-vivants ou d'infectés, on s'emmure. Ce peut être de manière artisanale, à l'aide d'objets du quotidien, comme les camions obstruant les entrées du centre commercial de *Zombie* (George A. Romero, 1978) et le papier capitonnant la maison du début du déjà cité *28 semaines plus tard* ; ou à une échelle industrielle, comme les douves et les grilles électrifiées cernant Pittsburgh dans *Le Territoire des morts* (George A. Romero, 2005), le mur entourant Jérusalem dans *World War Z* (Marc Forster, 2013) ou encore les barrières et les troupes militaires maintenant une paisible banlieue californienne en quarantaine dans la première saison de *Fear the Walking Dead* (Robert Kirkman et Dave Erickson, 2015).

Dans un monde instable et illisible, les protagonistes des films de zombies, comme Emmanuel Macron, ne construisent pas des barrières dans le seul but de se protéger. Les murs plus ou moins solides qu'ils dressent satisfont aussi – et peut-être surtout – un impérieux « désir d'ici », un besoin de reconstituer un « chez-soi » avec des repères stables, un lieu clairement délimité et séparé d'un ailleurs menaçant et brouillé. De John, pilote d'hélicoptère du *Jour des morts-vivants* (George A. Romero, 1985), qui a décoré son repaire souterrain pour évoquer une île tropicale, à Mickey, personnage de *The Battery* (Jeremy Gardner, 2012) collectionnant les objets familiers glanés durant son périple à travers la Nouvelle-Angleterre dans l'espoir de recréer un semblant de normalité, en passant par la routine à laquelle s'astreint le docteur Neville dans *Le Survivant* (Boris Sagal, 1971), le désir d'une forme de normalité, nourrie d'objets et de lieux familiers, anime les personnages confrontés à la crise zombie.

On retrouve même, dans *World War Z*, la rhétorique belliciste des dirigeants occidentaux face à la pandémie. Alors que le chaos règne sur l'essentiel du film, sa conclusion évoque une guerre bloc contre bloc entre l'humanité et les zombies. Faisant fi de l'ambiguïté traversant de nombreux films précédents, en particulier à propos du statut des zombies – sont-ils humains et jusqu'à quel point – le scénario du blockbuster réalisé par Marc Forster prend soin de rétablir une limite franche entre deux groupes homogènes, avec une ligne de front dont l'identification est présentée comme un soulagement par le narrateur et protagoniste principal.

Cette faim d'espaces circonscrits et de découpages clairs se retrouve dans la géopolitique mondiale du tournant du XXIᵉ siècle : depuis les années 1990, les États du monde ont construit le long de leurs frontières plusieurs milliers de kilomètres de barrières de toute sorte – murs, barbelés, douves, systèmes de détection de mouvements, patrouilles, etc.[1] Ce mouvement de « cloisonnement du monde » découle d'évolutions géographiques et politiques sur le temps long. Entre les XVIIᵉ et XIXᵉ siècles, émerge en Occident un « imaginaire étatique[2] » : l'État westphalien, territoire juridiquement homogène et soumis à la souveraineté d'un pouvoir politique centralisé, devient l'objet incontournable de la pensée (géo)politique et le fondement de la pratique politique[3]. Mais les transformations du monde de la fin du XXᵉ siècle – développement des transports et des télécommunications, approfondissement du libre-échange, augmentation en valeur absolue des migrations internationales – sont venues fragiliser les frontières stato-nationales. C'est dans ce contexte de remise en question de leur souveraineté que les États se barricadent, matériellement et symboliquement, afin de réaffirmer leur légitimité.

L'important ici n'est pas d'illustrer les passerelles entre les films de zombies et le contexte géopolitique mondial. Il s'agit plutôt de souligner les similitudes structurelles entre les usages des barrières dans l'un et l'autre contextes, comme dans celui de l'épidémie de Covid-19. Il faut notamment insister sur l'inefficacité manifeste des dispositifs de confinement. La quasi-totalité de la filmographie zombie l'affirme de manière univoque : les barrières ne servent à rien, au moins à long terme. S'il peut y avoir du sens à se barricader au début de la crise, le temps d'analyser la situation et d'élaborer des stratégies à long terme, les cloisons les plus sophistiquées sont condamnées, à terme, à s'effondrer. Les séries *The Walking Dead* (Frank Darabont et Robert Kirkman, 2010-) et *Z Nation* (Karl Schaefer et Craig Engler, 2014), entre autres exemples, sont structurées autour de la nécessité pour les protagonistes de trouver régulièrement un nouvel abri, après que le précédent a été envahi par les zombies.

La géographie du risque a analysé certaines raisons de cet échec récurrent des stratégies fondées sur l'érection de barrières. Dans le cas du

---

1 Voir notamment ROSIÈRE Stéphane, *Frontières de fer : Le cloisonnement du monde*, 2020.

2 DEBARBIEUX Bernard, *L'Espace de l'imaginaire. Essais et détours*, 2015.

3 BROWN Wendy, *Murs. Les murs de séparation et le déclin de la souveraineté étatique*. Sur la difficulté à penser l'espace politique selon d'autres logiques que le territoire, voir aussi AGNEW John, « The territorial trap: the geographical assumptions of international relations theory », *Review of International Political Economy*, vol. 1, nº 1, 1994, p. 53-80.

delta du Pô[1], par exemple, la construction de digues a modifié le niveau du fleuve, menant à la construction de digues plus hautes, etc. On gagne du temps, mais le fleuve est toujours là. Le même cercle vicieux affecte les murs frontaliers : au fur et à mesure de leur construction, les candidats à l'exil apprennent à les contourner, le plus souvent avec l'aide de passeurs dont l'imagination grandit proportionnellement à la hauteur et à la sophistication des obstacles à franchir.

À l'inefficacité s'ajoutent les problèmes spécifiques générés par les politiques de confinement : les murs créent leurs propres problèmes, indépendamment de ceux qu'ils sont censés combattre. Qu'on pense aux militaires de *28 jours plus tard*, enfermés depuis des semaines et gagnés par le désespoir : ils sont certes en sécurité derrière des barbelés et des détecteurs de mouvements, mais leur état de délitement psychologique montre les limites de leur stratégie, tout en les rendant eux-mêmes au moins aussi dangereux que les zombies. Plus largement, les dispositifs d'enfermement créent des inquiétudes nouvelles : ils matérialisent la peur et en cela l'entretiennent et l'accentuent, tout en détournant l'attention d'autres problèmes[2] ; de plus, ils génèrent leurs propres épisodes violents par le biais par exemple d'une répression disproportionnée, elle-même une conséquence de la logique de militarisation de l'espace et des rapports sociaux[3].

On retrouve, tant dans les films de zombies que dans la gestion de la pandémie de Covid-19 par les autorités, cette tendance à prendre des mesures à l'efficacité très incertaine mais permettant de satisfaire, du point de vue des gouvernements, d'autres exigences : montrer que l'on est actif face à la crise ou justifier le renforcement du contrôle de certaines populations, par exemple. En somme, il s'agit de faire respecter strictement ce qu'il reste d'ordre spatial.

Fin du monde, fin de la politique

Il reste à montrer en quoi un tel mode de gestion s'insère dans un environnement politique plus large, qui dépasse le contexte de crise. Peut-être même faudrait-il dire : un environnement politique nourrissant et se

---

1 LE BLANC Antoine, « Le delta du Pô : un espace doublement instable », *Mappemonde*, n° 67, 2002, p. 20-23.

2 KATZ Cindy, « Me and My Monkey: What's Hiding in the Security State », *in* Rachel PAIN, Susan J. SMITH (dir.), *op. cit.*, p. 59-72.

3 Sur la violence inhérente aux murs et à leur proximité immédiate (violence des passeurs, des milices privées, des forces de police, des populations locales enrôlées dans le « business » du passage, etc.), voir notamment BROWN Wendy, *Murs. Les murs de séparation et le déclin de la souveraineté étatique*, *op. cit.*, et ROSIÈRE Stéphane, *Frontières de fer : Le cloisonnement du monde*, *op. cit.*

nourrissant de la crise pour se perpétuer. Je fais ici l'hypothèse que la gestion de l'invasion zombie par les gouvernements et leurs avatars, tout comme celle de la pandémie, relève d'un travail de dépolitisation menant à ce que la philosophie politique contemporaine a nommé la post-politique.

Qu'est-ce que la post-politique ?

Les notions de « post-politique » et de « post-démocratie » émergent à la fin du XXᵉ siècle au sein de la philosophie et de la science politique. En 1995, le philosophe Jacques Rancière décrit le règne d'une activité politique réduite à un travail « *d'adaptation ponctuelle aux exigences du marché mondial* »[1]. Dans les démocraties parlementaires occidentales, la politique au sens où elle a été pensée par la philosophie antique a cédé la place à un « système consensuel » caractéristique de la post-démocratie. Pour expliciter son propos, Rancière distingue la « politique » de la « police ». La première consiste à contester l'ordre dominant, à le bousculer, via l'émergence de groupes dont l'existence en tant que sujet politique n'est pas reconnue par cet ordre. Autrement dit, la politique « déplace un corps du lieu qui lui était assigné ou change la destination d'un lieu ; elle fait valoir ce qui n'avait pas lieu d'être vu, (...) fait entendre comme discours ce qui n'était entendu que comme bruit[2] ». La police, au contraire, recouvre la gestion de l'ordre existant, présenté comme naturel, comme le seul possible. Elle consiste à gérer les affaires courantes en organisant « la distribution des places et des fonctions et les systèmes de légitimation de cette distribution[3] ». En somme, la politique est ce qui, au nom du principe d'égalité, vient rompre l'ordre établi, « inscrire du désordre dans l'ordre policier[4] », contester les places et les fonctions attribuées aux individus et aux groupes.

La politique se présente donc comme l'antithèse du consensus, qui pourtant règne sur les démocraties parlementaires occidentales. Celles-ci prétendent en effet réaliser le « bien commun par le gouvernement éclairé des élites appuyé sur la confiance des masses », ce que Rancière nomme « post-démocratie »[5]. Avec des variations de vocabulaire et des nuances dans le propos, mais des cheminements intellectuels très proches, on retrouve la dénonciation d'un ordre consensuel évacuant la politique chez d'autres auteurs et autrices, en particulier Chantal Mouffe, Alain Badiou et Slavoj Žižek.

---

1   RANCIÈRE Jacques, *La Mésentente*, 1995, p. 11.

2   *Ibid.*, p. 53.

3   *Ibid.*, p. 51.

4   *Ibid.*, p. 62.

5   *Ibid.*, p. 135

Les géographes se sont saisis de ces notions pour montrer qu'il existait un espace de la police, obéissant à une logique géométrique, administré rationnellement et clairement cloisonné[1] – on retrouve l'idée de Cresswell, évoquée plus haut, d'un ordre social inextricablement spatial. Au contraire, la politique implique le surgissement, dans l'espace public, de paroles contestataires.

Il est facile de relier ces éléments théoriques tant aux fictions postapocalyptiques qu'à la pandémie de coronavirus. Dans les deux cas, la crise sert à verrouiller le débat politique, à exclure toute forme de discussion de fond au nom de l'imminence de la menace. Comme dans la post-démocratie décrite par Rancière, « il y a peu à délibérer et les décisions s'imposent d'elles-mêmes[2] ».

Zombies, Covid-19 et politiques de la peur

Premier outil de ce travail de dépolitisation, la peur devient un principe de gouvernement : la survie du groupe forme l'unique horizon guidant les décisions collectives et permet de justifier les atteintes à la liberté individuelle – c'est par exemple la tyrannie régnant sur Pittsburgh dans *Le Territoire des morts*, la conclusion du discours de Rick Grimes à la fin de la deuxième saison de *The Walking Dead*, « ce n'est plus une démocratie », ou encore le règne despotique du Gouverneur dans la troisième saison de *The Walking Dead*. Au-delà des différences, le danger légitime des décisions rapides et définitives, dont les auteurs seront nécessairement des individus capables de se faire respecter, dotés d'une autorité naturelle – d'où, sans doute, l'omniprésence de la figure du policier ou du soldat dans la filmographie zombie.

Dès lors, face à une menace perçue comme hors du commun, les questionnements éthiques sont mis en sourdine : le détestable Harry, archétype du petit blanc raciste et misogyne dans *La Nuit des morts-vivants*, se réfugie derrière l'argument de la sécurité pour expliquer qu'il ne soit pas sorti de la cave pour venir en aide à Ben et Barbra, venus se réfugier dans la même maison que lui ; de même, Shane, dans les deux premières saisons de *The Walking Dead*, ne voit pas d'autre horizon que la préservation à court terme de lui-même et de ses proches, selon une vision du monde étroitement utilitariste. À cet égard, l'opposition entre Shane et Rick Grimes ne se joue qu'en surface et, dans les deux premières saisons de la série, le seul

---

1 DIKEÇ Mustafa, « Space, politics, and the political », *Environment and Planning D: Society and Space*, vol. 23, 2005, p. 171-188.

2 RANCIÈRE Jacques, *op. cit.*, p. 11.

personnage apportant une véritable contradiction est Dale, qui interroge le sens qu'il y a à continuer de vivre si cela implique de renoncer à ce en quoi l'on croit et à ce qui fonde notre humanité.

Le point important ici n'est pas d'établir s'il est justifié ou non de poser la survie du maximum d'individus comme fondement des décisions – et sans doute notre intuition morale penche-t-elle en faveur de mesures évitant ou limitant au maximum les décès. Le problème est de savoir si cette survie devient la seule référence de l'action, autrement dit si, faute de discussion sur le monde dans lequel on souhaite vivre, sur le type de société auquel on aspire et donc sur ce qu'il faudrait changer dans l'ordre social actuel, le danger, zombies ou Covid-19, justifie un état d'urgence permanent et un renvoi de cette discussion à un futur sans cesse repoussé. L'apocalypse devient une toile de fond atemporelle et exclut de fait la politique[1].

Un danger hors-sol

Pour que la peur joue ce rôle de dépolitisation, un deuxième outil la complète : la crise est présentée à la fois comme une réalité objective et extérieure à la société et comme un problème commun à toutes et tous, touchant les individus de manière uniforme et homogène. Les zombies et le Covid-19 sont deux exemples de phénomènes réifiés, socialement vides, résolument extérieurs à la réalité sociale et pouvant jouer le rôle d'ennemi commun – capable d'unifier contre lui la race humaine dans son ensemble, comme dans *World War Z*.

Quelques films de zombies mettent discrètement en avant l'impact différencié de la crise selon que l'on est riche ou pauvre, homme ou femme, blanc ou noir – l'assaut d'un immeuble habité par une population majoritairement noire et pauvre au début de *Zombie* en est un exemple. Quelques autres posent la question du statut du mort-vivant, être hybride encore rattaché à son humanité originelle – depuis Bub, zombie doué de volonté du *Jour des morts-vivants*, d'autres personnages contaminés ont été porteurs d'ambiguïté, comme Murphy dans *Z Nation* ou, sur un ton parodique, Ed, à la fin de *Shaun of the Dead* (Edgar Wright, 2004).

Mais de manière générale, et au moins dans les actes, un consensus se dégage : la menace est extérieure et s'impose de manière monolithique, exigeant des mesures de police au sens de Rancière. C'est ce que signifie la

---

1 Un processus que l'on peut identifier dans le débat contemporain sur le dérèglement climatique : voir SWYNGEDOUW Erik, « Apocalypse Forever? Post-political Populism and the Spectre of Climate Change », *Theory, Culture & Society*, vol. 27, n° 2-3, 2010, p. 213-232.

phrase du Premier ministre français Jean Castex pour justifier les décisions de son gouvernement, lors d'une conférence de presse en octobre 2020 : « Ce n'est pas l'État qui frappe, mais le virus. » Érection de barricades, militarisation de l'espace public, couvre-feu et confinement sont des mesures techniques, présentées comme imposées par une situation objective, ne laissant pas de choix et encore moins de place au débat. Comme chez Rancière, « il n'y a qu'une seule réalité qui ne nous laisse pas le choix de l'interpréter et nous demande seulement des réponses adaptées[1] ».

Encore une fois, la question n'est pas de savoir s'il faut ou non se prémunir de tel ou tel danger ni dans quelle mesure et selon quelles modalités. Lorsque Rick et Shane s'opposent dans la deuxième saison de *The Walking Dead*, leurs divergences portent sur des décisions tactiques. Le débat démocratique, si l'on retient la définition forte de la politique donnée plus haut, ne se réduit pas à de telles négociations sur ce qu'il faut faire face à la réalité. Il doit porter sur la réalité elle-même, sur son interprétation à l'aune d'une réalité sociale qui lui préexiste de fait et de droit. La menace, quelle qu'elle soit, est toujours déjà une réalité interne à la société, imbriquée dans les contradictions de celle-ci.

Conclusion : La réalité enlace la fiction

À la question initiale de savoir si les sociétés occidentales étaient préparées à la pandémie de Covid-19, il semble donc qu'on puisse répondre par l'affirmative. Cela ne signifie pas que leur réaction ait été « bonne », quels que soient les critères à l'aune desquels on la juge. Cela signifie que cette réaction était déjà inscrite dans les imaginaires collectifs et qu'elle n'a fait que reproduire des schémas de pensée et d'action connus : face au danger, la politique – au sens d'un lieu de contestation permanente de l'ordre social – a été évacuée d'autant plus facilement qu'elle avait déjà à peu près disparu du paysage mental des démocraties occidentales.

Est-ce à dire que la (science-)fiction avait prédit la réalité, en mettant en scène des groupes humains prêts à renoncer aux fondements de la démocratie au nom de leur survie ? Les scénaristes, réalisateurs et producteurs de films de zombies sont-ils doués de prescience ? Répondre à cette question revient à explorer celle de la nature du lien unissant réalité et fiction.

Un premier niveau d'analyse voit dans la fiction le reflet d'une société dans laquelle elle émerge. C'est d'autant plus vrai pour le cinéma, produit culturel obéissant à une logique industrielle et par conséquent pris dans la

---

1 RANCIÈRE Jacques, *La Haine de la démocratie*, 2005, p. 85.

logique marchande et le besoin, au moins jusqu'à un certain point, de répondre aux attentes réelles ou supposées du public. Pour cette raison, la critique cinématographique marxienne, dans les années 1960, voit dans le cinéma un terrain d'étude de l'idéologie dominante, qui opère un travail de travestissement du réel qu'il s'agit de dénoncer[1].

Un deuxième niveau conteste la relation de hiérarchie entre fiction et réalité et voit entre elles une relation de co-construction. Le cinéma produit un « monde filmique[2]» en constante interaction avec le monde « réel », les deux se nourrissant selon une relation circulaire. De fait, les films produisent et véhiculent des stéréotypes de genre, de classe et de race et influencent les représentations et comportements du public[3].

Un troisième niveau, enfin, récuse la dichotomie entre réalité et représentation et son fondement essentialiste. Les tenants de cette approche invitent à dépasser l'opposition binaire entre le réel et la bobine[4] et à considérer les films comme un cadre parmi d'autres où se jouent les processus de construction et reconstruction permanente de la réalité sociale.

Il ne faut sans doute pas exagérer les oppositions entre ces trois grandes approches, qui relèvent autant de positionnements dans le champ de la recherche que d'incompatibilités théoriques décisives et insurmontables. Ce qui précède apporte toutefois de sérieux arguments aux tenants de la troisième approche, en montrant combien les débats qui se jouent à l'écran ne sont pas de simples reflets des secousses politiques contemporaines. Ils sont résolument partie prenante de la réalité sociale et des enjeux philosophiques et politiques qui la traversent.

Bibliographie

AGNEW John, « The territorial trap: the geographical assumptions of international relations theory », *Review of International Political Economy*, vol. 1, n° 1, 1994, p. 53-80.

AUGÉ Marc, *Non-Lieux*, Paris : Seuil, 1992.

AUGÉ Marc, *Pour une anthropologie des mondes contemporains*, Paris : Aubier, 1994.

---

1 CRESSWELL Tim, DIXON Deborah (dir.), *Engaging Film. Geographics of Mobility and Identity*, 2002.

2 ESCHER Anton, « The Geography of Cinema: A Cinematic World », *Erdkunde*, vol. 60, n° 4, 2006, p. 307-314.

3 STASZAK Jean-François, « La fabrique cinématographique de l'altérité. Les personnages de "Chinoises" dans le cinéma occidental », *Annales de géographie*, n° 682, 2011, p. 577-603.

4 SHARP Laura, LUKINBEAL Chris, « Film Geography: A Review and Prospectus », *in* MAINS S. P., CUPPLES J., LUKINIBEAL C. (dir.), *Mediated Geographies and Geographies of Media*, 2015.

BAUMAN Zygmunt, *Liquid Modernity*, Cambridge: Polity Press, 2000.

BERQUE Augustin, *Médiance, de milieu en paysages*, Paris : Belin, 2000.

BONNEUIL Christophe, FRESSOZ Jean-Baptiste, *L'événement anthropocène. La Terre, l'histoire et nous*, Paris : Seuil, 2013.

BORZAKIAN Manouk, « Géographie morte-vivante. Les espaces indéterminés des zombies », *Annales de géographie* n° 695-696, 2014, p. 687-705.

BORZAKIAN Manouk, *Géographie zombie, les ruines du capitalisme*, Levallois-Perret : Playlist Society, 2019.

BROWN Wendy, *Murs. Les murs de séparation et le déclin de la souveraineté étatique*, trad. N. Vieillescazes, Paris : Les Prairies ordinaires, 2009.

CAILLOIS Roger, *L'Homme et le sacré* [1939], Paris : Gallimard, 1950.

CRESSWELL Tim, DIXON Deborah (dir.), *Engaging Film. Geographics of Mobility and Identity*, Lanham (MD): Rowman & Littlefield Publishers, 2002.

CRESSWELL Tim, *In Place/Out of Place. Geography, Ideology and Transgression*, Minneapolis: University of Minnesota Press, 1996.

DARDEL Éric, *L'Homme et la Terre* [1952], Paris : Éditions du CTHS, 1990.

DEBARBIEUX Bernard, *L'Espace de l'imaginaire. Essais et détours*, Paris : CNRS éditions, 2015.

DELUMEAU Jean, *La Peur en Occident*, Paris : Fayard, 1978.

DIKEÇ Mustafa, « Space, politics, and the political », *Environment and Planning D: Society and Space*, vol. 23, 2005, p. 171-188.

ELIADE Mircea, *Le Sacré et le Profane* [1939], Paris : Gallimard, 1987.

ESCHER Anton, « The Geography of Cinema: A Cinematic World », *Erdkunde*, vol. 60, n° 4, 2006, p. 307-314.

JAMESON Fredric, *Postmodernism, or, The Cultural Logic of Late Capitalism*, London/New York: Verso, 1991.

KATZ Cindy, « Me and My Monkey: What's Hiding in the Security State », *in* Rachel PAIN, Susan J. SMITH (dir.), *op. cit.*, p. 59-72.

LE BLANC Antoine, « Le delta du Pô : un espace doublement instable », *Mappemonde*, n° 67, 2002, p. 20-23.

LUKE Timothy W., « Postmodern Geopolitics: The Case of the 9.11 Terrorist Attacks », *in* AGNEW John A., MITCHELL Katharyne, TOAL Gerard (dir.), *A Companion to Political Geography*, Oxford: Blackwell, 2003, p. 219-235.

PAIN Rachel, SMITH Susan J. (dir.), *Fear: Critical Geopolitics and Everyday Life*, Farnham: Ashgate, 2008.

RANCIÈRE Jacques, *La Haine de la démocratie*, Paris : La Fabrique, 2005.

RANCIÈRE Jacques, *La Mésentente*, Paris : Galilée, 1995.

ROSIÈRE Stéphane, *Frontières de fer : Le cloisonnement du monde*, Paris : Syllepse, 2020.

SHARP Joanne P., « Critical geopolitics », *in* CLOKE Paul, CRANG Philip, GOODWIN Mark (dir.), *Introducing Human Geographies*, London : Routledge, 2013, p. 530-541.

SHARP Laura, LUKINBEAL Chris, « Film Geography: A Review and Prospectus », *in* MAINS Susan P., CUPPLES Julie, LUKINIBEAL Chris (dir.), *Mediated Geographies and Geographies of Media*, New York: Springer, 2015.

STASZAK Jean-François, « La fabrique cinématographique de l'altérité. Les personnages de "Chinoises" dans le cinéma occidental », *Annales de géographie*, n° 682, 2011, p. 577-603.

SWYNGEDOUW Erik, « Apocalypse Forever? Post-political Populism and the Spectre of Climate Change », *Theory, Culture & Society*, vol. 27, n° 2-3, 2010, p. 213-232.

THORET Jean-Baptiste (dir.), *Politique des zombies* [2007], Paris : Ellipses, 2015.

La Peste

Jean-Luc Gautero
CRHI, Université Côte d'Azur

Camille Noûs
Laboratoire Cogitamus

Que l'on soit ou non amateur du genre, sans doute pense-t-on avant tout quand il est question de science-fiction à des histoires qui se situent dans un avenir plus ou moins lointain, et l'on réfléchira alors aux pandémies en science-fiction en se penchant sur l'anticipation de ces pandémies, de leur déroulement et de leurs suites. Mais la science-fiction ne se contente pas de dépeindre ce que pourrait être demain : elle traite aussi de voyages dans le temps, et, parfois en relation avec ceux-ci, elle nous présente des univers « parallèles », qui ne sont pas vraiment parallèles puisqu'on entend en général par là des lignes temporelles qui divergent de la nôtre à partir de tel ou tel événement — la science-fiction n'a pas attendu la théorie des mondes multiples d'Everett pour en avoir l'idée. Or on peut considérer les pandémies comme des événements historiques ; il en est une au moins dont les spécialistes estiment d'ordinaire qu'elle a joué dans l'histoire de l'Occident, et au-delà, du monde, un rôle majeur, de sorte que divers romans nous présentent des univers qui diffèrent du nôtre en raison de son intensité, selon qu'elle y a été plus ou moins meurtrière. Il s'agit de la Peste noire, à laquelle les voyageurs du temps se trouvent parfois confrontés pour une raison ou pour une autre. Cet événement du passé peut donc se trouver dans des textes de science-fiction pour deux sortes de raisons différentes : les histoires de voyages dans le temps nous le dépeignent, les histoires d'univers parallèles nous permettent de nous interroger sur ses conséquences. L'évocation des premières aura donc nécessairement un aspect essentiellement descriptif, alors que celle des secondes incitera beaucoup plus à la réflexion.

Histoires de la Peste

On peut se débarrasser de quelqu'un en l'envoyant à l'époque de la Peste, à un endroit où elle sévit : c'est le sort que connaît à la toute fin du roman l'un des personnages de *Prisonniers du temps*, de Michaël Crichton (ce serait divulgâcher que d'indiquer de qui il s'agit). Venu de notre présent, où se déroulent dans le plus grand secret des recherches sur le voyage temporel, il se retrouve en effet dans un village de Dordogne en 1348, un village qui, du fait de cette maladie, a perdu tout au long du XIVᵉ siècle « un tiers de sa population[1] ». Avantage invoqué par le romancier (c'est bien sûr pour les gens qui veulent éliminer la victime que cela représente un avantage) : l'évolution du mal est foudroyante, et même un exilé qui serait capable par lui-même de regagner rapidement son siècle d'origine (c'est le cas de celui-ci) ne disposera pas des délais nécessaires. Le roman exagère cependant la vitesse à laquelle la maladie envahit un organisme : le voyageur temporel, qui ne sait pas encore en quelle année il est arrivé, remarque « un homme étendu sur le dos, mort[2] ». Par curiosité, il se penche sur le cadavre : « des filets de sang coulaient de ses yeux[3] ». Supposition raisonnable : « Il avait dû être frappé à la tête[4] ». Très vite, cependant (ce qu'il faut pour aller de l'entrée d'un village médiéval à son centre, quelques minutes), il lui faut reconsidérer ce premier jugement, en raison de la rencontre d'« une douzaine d'hommes en robe noire qui marchaient en chantant, comme pour une procession. Plusieurs, nus jusqu'à la ceinture, se fouettaient avec des lanières de cuir incrustées de fragments de métal. Le sang coulait en abondance sur leurs épaules et leur dos. Des flagellants[5] ». C'est alors qu'il commence à avoir une idée de la période où il se trouve : il pousse « un petit gémissement[6] ».

La certitude arrive juste après, quand ayant un peu reculé, il voit le cadavre d'une femme dont le bras « présentait des protubérances noirâtres[7] ». Il est alors paralysé par la terreur :

> le simple fait de respirer l'air infecté pouvait entraîner la mort. Il savait qu'on en mourait vite, qu'on tombait d'un seul coup dans la rue. On se mettait brusquement à tousser, à éprouver des maux de tête. Une heure plus tard, on était mort[8].

---

1 CRICHTON Michael, *Prisonniers du temps*, 2002, p. 123.
2 *Ibid.*, p. 592.
3 *Ibid.*
4 *Ibid.*
5 *Ibid.*, p. 593.
6 *Ibid.*
7 *Ibid.*
8 *Ibid.*

Et immédiatement « son corps fut secoué par une quinte de toux[1] ». Une heure plus tard, le romancier nous le suggère, il sera mort : moins de quatre-vingt-dix minutes après son premier contact avec un malade. C'est efficace du point de vue de la narration : décrire longuement son agonie alourdirait inutilement une scène qui, tout en concluant le roman, nous éloigne du cœur de l'histoire ; c'est cependant assez peu réaliste : à une époque où les déplacements sont encore relativement lents, une maladie qui tue si vite, aussi contagieuse fût-elle, aurait eu du mal à se propager, même si « sa forme pulmonaire », « contagieuse par l'air » (celle donc dont est victime l'exilé) n'est pas la seule : « sous une de ses formes, la maladie se transmet par les rats[2] ». L'auteur, qui fait figurer en annexe une bibliographie mentionnant de nombreux ouvrages érudits sur le Moyen Âge, mais aucun centré sur la Peste, ne s'est manifestement pas beaucoup intéressé à la question ; elle ne joue pas il est vrai dans son roman un rôle central — ce n'est pas l'un de ses romans « médicaux ».

La Peste ne joue pas non plus un rôle central dans le roman de Silverberg, *Les Temps parallèles*. Un chapitre lui est néanmoins consacré, et sans incohérences notables : le héros-narrateur, Daniel Elliott Judson III, travaille au Service Temporel, en tant que guide touristique ; de même que les agents de la SNCF peuvent prendre le train sans bourse délier, il bénéficie quant à lui de tournées temporelles gratuites. Aussi décide-t-il, quand sa vive attirance (formellement interdite) pour une lointaine ancêtre l'a mis d'humeur maussade, de « participer à la tournée de la peste noire[3] ». On se demande quel agrément les touristes peuvent trouver à une telle excursion. Aller voir le couronnement de Charlemagne en l'an 800, cela se comprend, mais des pandémies meurtrières, non. (Cependant, les voyageurs du temps de « Saison de grand cru », de Henry Kuttner et Catherine L. Moore, qui composent eux-mêmes leurs excursions, font les deux.) Le narrateur de Silverberg le remarque fort justement : « seuls les excentriques, les fantaisistes, les dingos et les pervers font des tournées pareilles ». C'est cependant pour ajouter aussitôt : « autant dire que la demande est toujours très forte[4] ». Aucun risque bien sûr pour les touristes d'attraper la maladie : il y a « des vêtements spéciaux prévus pour ce voyage[5] ». Même leur inconfort n'est pas dissuasif (peut-être contribue-t-il à donner au voyage organisé l'aspect d'une aventure) :

---

1 *Ibid.*, p. 594.

2 *Ibid.*, p. 123.

3 SILVERBERG Robert, *Les temps parallèles*, 1976, p. 169.

4 *Ibid.*

5 *Ibid.*, p. 170.

Ce costume est plus ou moins un scaphandre de couleur noire. Vous portez un système respiratoire artificiel standard pouvant vous donner de l'air durant les deux semaines de la tournée, vous mangez via un tube spécial et vous éliminez les déchets d'une manière difficile et compliquée [1].

La désolation est telle que les contemporains, qui ont bien d'autres soucis en tête, ne risquent guère de remarquer les voyageurs :

Personne ne faisait attention à nous. [...] Ceux qui nous virent durent penser que nous étions des prêtres partant en pèlerinage. Nos habits sombres, notre marche en file indienne, l'intrépidité avec laquelle nous traversions les pires zones d'infection, tout nous désignait comme des hommes de Dieu, ou de Satan [2].

Très professionnel, le guide de la tournée donne les statistiques dressées par les spécialistes sur l'impact du mal :

Le taux de mortalité de la peste noire, annonça-t-il, fut généralement situé entre un huitième et les deux tiers de la population d'une région quelconque. En Europe, on estime que 25 % de la population ont péri ; si l'on prend l'ensemble du monde connu, la mortalité fut d'environ 33 % [3].

Il fait observer sur les passants les divers stades de l'évolution de la maladie, sous sa forme la plus spectaculaire (il n'éprouve pas le besoin de mentionner les autres, il encadre des touristes et non des étudiant.e.s en histoire) :

« [Elle] se caractérise par un durcissement et une enflure des glandes de l'aisselle et de l'aine. Ces boursouflures atteignent rapidement la taille d'un œuf ou d'une pomme. [...] Ensuite viennent les taches noires, [...] d'abord sur les bras et les cuisses, puis sur tout le corps. Ensuite les furoncles, qui provoquent de terribles démangeaisons lorsqu'ils sont grattés. C'est ensuite le délire, la folie et la mort, qui se produit généralement dans le troisième jour après l'apparition des enflures » [4].

À ne manquer à aucun prix, il y a, bien sûr, la procession des flagellants, des deux sexes chez Silverberg :

Les flagellants avançaient dans les rues sinueuses, hommes et femmes, nus jusqu'à la ceinture, lugubres, ensanglantés, certains jouant d'un instrument, la plupart brandissant des fouets à nœuds, faisant pleuvoir sans cesse des coups sur des dos nus, des seins, des joues, des bras, des fronts. Ils débitaient des hymnes monotones, ils gémissaient de douleur [5].

---

1 *Ibid.*
2 *Ibid.*, p. 171.
3 *Ibid.*, p. 174.
4 *Ibid.*, p. 172.
5 *Ibid.*, p. 173.

Le roman de Silverberg est fondamentalement un roman d'aventures, et un jeu sur les paradoxes temporels, il ne vise pas à délivrer un message. Cependant, mettant en scène un guide de voyage, et celles et ceux qu'il conduit, il comporte une critique, discrète, mais vraisemblablement consciente, des pratiques des touristes, de leur façon de considérer comme un divertissement la vie des autres, et éventuellement leur agonie et leur mort. L'Histoire est ainsi pour les touristes temporels un spectacle, c'est froidement, sans compassion ni empathie qu'ils contemplent les souffrances infligées par la Peste. Il est vrai qu'elles adviennent dans ce roman à des gens qui sont morts longtemps avant leur naissance.

Dans *Le Grand Livre[1]*, le comportement de Kivrin Engle, une doctorante en Histoire plongée par erreur en pleine Peste noire (elle aurait dû se rendre vingt-huit ans avant, en 1320), est tout autre. Elle ne peut repartir immédiatement, parce que, en raison des circonstances de son arrivée, elle ignore où se trouve la porte temporelle qui lui permettrait de regagner son époque d'origine, la deuxième moitié du vingt-et-unième siècle ; le sauraitelle d'ailleurs que ce ne serait pas pour elle un bien grand secours : à cause de la sottise d'un bureaucrate, la porte a été refermée. Ce qui n'arrange pas la situation : l'Université d'Oxford, où se trouve le centre de voyage temporel, est victime, tout de suite après son départ, d'une crise sanitaire ; Noël approche, beaucoup d'universitaires ont quitté les lieux, celles et ceux qui restent tombent malades en grand nombre, même si la « nouvelle » maladie n'a pas la virulence de la peste d'autrefois : le roman suit à la fois l'évolution en lieu clos de l'une et de l'autre. Oxford et sa banlieue sont isolées du reste du monde. C'est que le vingt-et-unième siècle a vécu l'expérience d'une pandémie particulièrement sévère, un peu moins de quatre-vingts ans après la fin de la Deuxième Guerre mondiale : le calcul est facile à faire. Il y a eu

> la bataille des Ardennes {...] puis le second attentat du World Trade Center...
> Qui était arrivé près de soixante ans après la bataille des Ardennes.
> —... et le début de la Pandémie à Salisbury [...]
> Vingt ans après [2].

Cette pandémie est toujours évoquée comme « la Pandémie » (avec un article défini et une majuscule), car elle a marqué les esprits, ayant été extrêmement meurtrière : elle « a fait soixante-cinq millions de victimes[3] » (dont « plus de trente millions d'Américains », parce qu'« aux États-Unis, la

---

1   WILLIS Connie, *Le Grand Livre*, 1994.
2   WILLIS Connie, *All clear*, 2003, p. 145.
3   WILLIS Connie, *Le Grand Livre*, *op. cit.* p. 32.

liberté de circulation est un droit inaliénable[1] » ; tout est mis en œuvre pour empêcher une telle situation de se reproduire, des secteurs entiers peuvent être mis en quarantaine « sitôt qu'on signalait "une maladie potentiellement contagieuse"[2] ». Les mesures de prévention sont couronnées de succès dans le roman, et ce d'autant plus facilement que la maladie qui frappe Oxford s'avère ne pas être une maladie nouvelle, ce n'est pas le produit de l'accouplement d'une chauve-souris et d'un pangolin sur un étal de boucher, mais une variante ancienne de la grippe, déterrée par des archéologues qui opéraient des fouilles dans des ruines du treizième siècle ; elle est donc somme toute assez facile à enrayer. On ne divulgue rien de fondamental en racontant cela, car le suspense principal du livre ne porte pas sur la situation au vingt-et-unième siècle, il consiste à savoir si l'héroïne pourra quitter le Moyen Âge — et on ne donnera pas la réponse ici.

D'une certaine façon, l'historienne est une voyageuse égarée, et c'est à ce titre qu'elle est accueillie dans un manoir proche d'un hameau, les habitants du manoir ne sachant pas bien sûr de quel type est son voyage. Elle sympathise avec eux — elle en a le temps, car la Peste arrive tout juste, plus précisément elle est déjà arrivée en Angleterre, mais pas encore dans le village, et la doctorante partage tout d'abord leur vie quotidienne, sans appréhension pour leur sort puisqu'elle se croit en 1320. Il lui faut attendre que vienne de l'extérieur un premier malade, membre anonyme d'une délégation ecclésiastique, pour se douter de l'erreur dont elle est victime. L'homme a de la fièvre, délire, ce qui ne peut être révélateur d'une affection particulière.

> [Mais] un renflement rougeâtre était visible sous son bras [...] Une boursouflure rouge presque aussi grosse qu'un œuf. Forte fièvre, langue enflée, intoxication du système nerveux, bubons sous les aisselles ou à l'aine[3].

C'est alors seulement qu'elle a l'idée de demander : « En quelle année sommes-nous ? », question étrange qui lui vaut comme première réplique une autre question : « Êtes-vous souffrante, Dame Katherine ? », avant que vienne la véritable réponse : « *Anno domine*... commença le clerc avant de passer sa langue enflée sur ses lèvres, pour les humidifier. 1348[4] ». On va alors assister à la progression de la Peste dans le manoir, et de plus loin dans le village ; s'il y a ou non des flagellants, on ne le sait pas (mais c'est peu probable dans un hameau d'une quarantaine de personnes), on apprend surtout la mort de tel, et tel...

---

1 *Ibid.*, p. 89.
2 *Ibid.*, p. 78.
3 *Ibid.*, p. 446.
4 *Ibid.*, p. 448.

La voyageuse temporelle elle-même ne craint rien. Grâce aux services médicaux de l'Université, elle a été « immunisée contre le choléra, la fièvre typhoïde et toutes les maladies répandues en 1320. Même la peste qui, soit dit en passant, n'est apparue que plus tard. C'est en 1348 qu'on a répertorié le premier cas en Angleterre[1] ». Cette prudence paraissait exagérée, elle est pour finir bienvenue. Mais il est peu agréable de voir agoniser puis mourir les uns après les autres des gens avec qui l'on a vécu, que l'on a appris à apprécier, sans rien pouvoir faire pour l'empêcher, avec l'espoir trop souvent déçu que l'un ou l'autre va se rétablir. L'historienne est confrontée à toutes les variantes de la peste :

> Il existait deux formes distinctes... Non, trois : la septicémique se diffusait directement dans le système sanguin et le décès survenait après quelques heures. La bubonique, propagée par les puces des rats, se caractérisait par l'apparition de bubons. La pulmonaire s'accompagnait de quintes de toux et d'expectorations sanguinolentes. La dernière variété était la plus contagieuse, car transmise par les postillons[2].

Bientôt, à chaque nouveau décès, elle tente de se réconforter, en se disant que celui-là est le dernier, ou peu s'en faut :

> Entre un tiers et la moitié des Européens étaient morts de la peste, et M. Gilchrist [l'un de ses professeurs, au vingt-et-unième siècle] pensait que ce chiffre était exagéré. Un tiers eût donné treize malades, soit cinq de plus. À 50 %, il y aurait douze nouvelles victimes et tous les enfants de l'intendant avaient déjà été exposés à la maladie[3].

Mais des statistiques – au demeurant fort incertaines, peut-être des études ultérieures des voyageurs temporels parviendront-elles à fournir des nombres plus sûrs et plus précis – ne peuvent donner une idée précise de ce qui se passe pour une communauté restreinte comme les habitants d'un hameau ou d'un manoir.

Aucune des interventions des voyageurs temporels n'entraîne de modification dans le cours de l'Histoire. Le risque est nul dans *Prisonniers du temps*, où le déplacement ne se fait pas à strictement parler vers le passé des explorateurs, mais vers un univers en retard sur le leur ; il pourrait exister dans les autres romans : celui de Silverberg repose d'une manière générale sur toutes les précautions prises pour éviter les paradoxes temporels. La période de la Peste est cependant une période toute particulière. La population mourant en masse, on peut penser qu'aucune variation n'est amenée à se propager (sauf peut-être si l'un des voyageurs

---

1 *Ibid.*, p. 18.

2 *Ibid.*, p. 491.

3 *Ibid.*, p. 536.

amenait dans ses bagages des antibiotiques et commençait à les utiliser – mais ce n'est le cas dans aucun des textes) ; on peut aussi estimer que le hasard de la diffusion d'une pandémie ne dépend pas de facteurs humains individuels, qu'il est plutôt lié à des caractéristiques du bacille, du virus ou du microbe. Les ouvrages qui nous présentent une évolution de la civilisation mondiale différente selon que la pandémie a été plus ou moins forte ne recoupent donc en rien ces histoires de voyages dans le temps.

La Peste dans l'histoire

On considère généralement que l'effet principal de la Peste a été d'accélérer un effondrement inéluctable de la société féodale : si elle n'avait pas eu lieu, le cours de l'histoire de l'Occident aurait donc sans doute été légèrement ralenti, sans changement majeur — aucune autre société ne développant avant lui un capitalisme à même de s'imposer à l'ensemble de la planète. Cette hypothèse n'est nulle part explicitement envisagée, mais on pourrait la supposer à la base d'*Orages en terre de France*, de Michel Pagel, roman où la guerre de Cent Ans dure bien plus de cent ans, puisqu'elle se prolonge encore au vingtième siècle. Dans notre ligne temporelle, la Peste intervient pendant ce conflit : l'absence de cette maladie aurait pu permettre au conflit entre la France et l'Angleterre de durer plus longtemps ; la supposition, il est vrai, serait plus naturelle si le pic de la pandémie se situait vers la fin des affrontements, alors qu'il se trouve plutôt au début, la guerre ayant été déclarée en 1337. Cependant, la Réforme est parfois vue aussi comme une conséquence de la Peste, et c'en est alors une conséquence bien plus tardive encore. Elle non plus n'a jamais eu lieu dans cet ouvrage, où le seul schisme qu'ait subi la chrétienté en Occident est celui qui a séparé les catholiques romains et les anglicans. On remarque également que la Peste n'est jamais mentionnée lorsque le roman comporte des allusions historiques ; mais ces allusions sont rares, et une absence de mention est bien moins convaincante qu'une mention d'absence. On ne peut donc affirmer avec certitude que c'est bien la Peste ou son absence qui marque la différence entre le monde d'*Orages en terre de France* et le nôtre ; ces éléments concordants permettent toutefois de le supposer.

La Peste est en revanche présente d'emblée dans les *Chroniques des années noires,* de Kim Stanley Robinson. Au début de notre quinzième siècle (une numérotation qui n'apparaîtra jamais dans le roman), Tamerlan décide, à pile ou face, de conquérir la Hongrie (plutôt que la Chine). L'un de ses hommes, envoyé en éclaireur, arrive dans une ville où il ne trouve « que des morts. Morts depuis longtemps. Des corps desséchés ; dans la pâle lumière du crépuscule ou à la lueur de la lune, leurs os brillaient, nettoyés par les loups et les corbeaux[1] ». Il en a aussitôt la conviction, c'est la Peste, et il retourne faire son rapport : « Kahn, la peste a frappé les Magyars. Ils sont tous morts[2] ». Peu satisfait de risquer ainsi la contagion, Tamerlan veut faire exécuter son soldat, mais il n'en a pas le temps, il meurt frappé par la foudre. Le soldat, lui, survit, tombe aux mains de vendeurs d'esclaves, et va être acheté par des Chinois. De la situation en Europe, il n'est alors quasiment plus question dans cette partie du roman, ou du moins pas de manière explicite, pas clairement :

> Bold fit un geste interrogateur en direction de l'ouest. Les hommes lui dirent un nom, que Bold ne comprit pas. — Ils sont tous morts, lui dirent-ils[3].

On reparle de l'Europe dans la deuxième partie du livre, tandis que, vers l'année 1600 de notre calendrier, Bistami, l'un des personnages principaux, est engagé dans une conversation qui porte sur « Al-Andalus ». Il remarque : « Il doit être étrange de revenir dans une terre aussi vide que celle-ci ». L'un des érudits maghrébins avec lesquels il voyage lui répond :

> Il y a des pêcheurs et des pirates zott sur ces côtes depuis longtemps, maintenant. Même si des Zott et quelques Arméniens se sont installés dans l'intérieur des terres[4].

Bistami demande alors : « N'est-ce pas un peu dangereux ? La peste pourrait frapper à nouveau[5] ». La Peste qui a exterminé les Hongrois a donc aussi dépeuplé l'Espagne, et plus largement toute l'Europe. Car « la Franji est vide depuis longtemps ». Un lettré observe : « Les chrétiens ont été exterminés par Allah pour avoir persécuté les musulmans et les juifs », et un autre le corrige :

> Mais al-Andalus était terre musulmane au moment de la peste [...] Grenade était musulmane, tout le sud de l'Ibérie était musulman. Et ils sont morts eux aussi. Comme les musulmans des Balkans, ou du moins c'est ce que dit al-Gazzabi dans son histoire des Grecs[6].

On a ainsi une bonne idée de l'extension de l'épidémie dans sa variante mortelle, au moins pour le Sud.

---

1 ROBINSON Kim Stanley, *Chronique des années noires*, 1982, p. 14.

2 *Ibid.*, p. 17.

3 *Ibid.*, p. 31.

4 *Ibid.*, p. 142. La traduction de « as well » par « même si » dans « The Zott and Armenians have moved insland as well » semble étrange. À cette exception, mineure, près, les traductions françaises existantes paraissent tout à fait satisfaisantes. On a donc choisi de s'y référer.

5 *Ibid.*, p. 143.

6 *Ibid.*

Comme dans notre Histoire, la Peste subsiste de manière endémique : elle frappe à la fin de la quatrième partie les acteurs majeurs de la Révolution Scientifique, qui commence un peu plus tard que chez nous avec l'expérience de la Tour de la Mort, l'analogue de l'expérience de la Tour de Pise. On sait que dans notre réalité, la légende veut que Galilée ait laissé tomber du haut de la Tour de Pise des corps de masses différentes, les étudiants pouvant constater par la fenêtre de leur salle de cours que ces corps atteignaient le sol en même temps, pendant que leurs professeurs leur enseignaient la théorie aristotélicienne selon laquelle les corps tombent d'autant plus vite qu'ils sont plus lourds[1]. Dans le roman de Robinson, c'est Iwang, l'un des personnages principaux, qui, dans un chapitre au titre éloquent, « Aristote avait tort », laisse tomber du haut d'un mur « deux boules de fer, une grosse et une petite, une lourde et une légère », avec le commentaire : « Un minaret ferait mieux l'affaire ; la Tour de la Mort serait l'idéal[2] ».

Commencée plus tardivement, la Révolution Scientifique est aussi plus rapide dans le roman de Robinson que dans notre monde : Iwang, qui a découvert notre loi galiléenne de la chute des corps, découvre aussi notre loi newtonienne de l'attraction universelle. C'est d'abord chez la fille de l'un de ses amis, Bahram, que se manifeste la maladie, puis la femme de Bahram est atteinte : « Il y avait, sous ses aisselles, les marques de la peste, ces protubérances dures et jaunes à la surface de la peau[3] ». La maison est alors coupée du monde, tous ses habitants semblent contaminés les uns après les autres. Certains survivront-ils ? Pas parmi les personnages principaux, en tout cas.

D'une certaine façon, ce monde où la Peste a exterminé les Européens est très différent du nôtre, du point de vue géopolitique : il n'y a pas, et pour cause, d'impérialisme occidental, mais le développement d'un monde multipolaire, où les grandes puissances se situent au Moyen-Orient, en Inde et en Chine, où les grandes religions sont l'Islam, l'hindouisme et le bouddhisme ; mais d'une autre façon, il est très proche : le progrès des sciences et des techniques se fait à peu près au même rythme, de même que l'évolution des mœurs, la laïcisation du monde (ou son désenchantement)...

Entre ces deux extrêmes que sont une peste inexistante et une peste tellement ravageuse en Europe qu'elle ne laisse survivre personne, il y a nombre de degrés possibles, et nous ne représentons qu'un intermédiaire parmi d'autres. *La Porte des mondes*, de Silverberg, nous dépeint une

---

1 Voir par exemple RUSSELL Bertrand, *The Scientific Outlook*, 2001, I.I, p. 10-11. Russell prend la légende pour une réalité historique.

2 ROBINSON Kim Stanley, *op. cit*, p. 241.

3 *Ibid.*, p. 322.

situation dans laquelle la pandémie a été bien plus meurtrière. Notre Histoire y est évoquée comme une possibilité autre que celle qui a été actualisée dans son monde : « Les morts : non plus trois quarts, mais un quart de la population[1] ». Dans cette réalité,

> les Turcs, pas plus que les Russes et les peuples d'Afrique, n'ont rien subi de semblable à la dévastation dont l'Europe de l'Ouest a été la victime. C'est pourquoi les Turcs n'ont pas rencontré d'opposition lorsqu'ils se sont aventurés vers l'ouest. En 1420 ils prennent Constantinople que tu connais sous le nom d'Istanbul. En 1440 ils sont à Vienne, en 1460 à Paris, en 1490 à Londres[2].

Les Turcs n'ont pas été les seuls à tirer profit de la situation, elle a fait aussi le jeu des Arabes :

> Et en même temps les Arabes venant d'Afrique du Nord occupent une fois de plus l'Espagne, et l'Italie par-dessus le marché. Puis les Turcs et les Arabes se querellent, et quand est dissipée la fumée des canons, les Turcs sont maîtres de toute l'Europe à l'exception de la Russie. Et les Russes ont fait la même chose dans la direction opposée, descendant de Sibérie pour s'emparer de la Chine, du Japon, puis du reste de l'Asie[3].

Le monde est là encore bien plus multipolaire que le nôtre. En 1963, les pays européens paraissent avoir reconquis leur indépendance (même si « la France et l'Italie [et] les États Teutoniques [...] ne jurent encore que par le Coran[4] »), mais ce ne sont pas de grandes puissances, et les Turcs, les Chinois, les Africains, les Aztèques et les Incas se partagent la planète. Silverberg croit-il à une certaine prééminence intellectuelle occidentale, qui aurait pour conséquence que sans la domination européenne la recherche progresserait moins ? Toujours est-il que, dans l'univers où se situe son roman, les sciences et les techniques sont bien moins avancées que celles que nous connaissons : on traverse les océans en bateau, les avions ne sont encore qu'une promesse, et les premières voitures commencent tout juste à circuler. Mais cela n'avait sans doute rien d'inéluctable. Quéquex, le sorcier qui raconte au héros-narrateur l'histoire de notre monde comme celle d'un possible autre que le leur, le fait en mettant l'accent sur la façon dont les étapes de l'Histoire découlent les unes des autres (« Tu vois à présent comment tout s'enchaîne[5] ») ; en même temps, néanmoins, il dépeint le processus historique comme radicalement contingent : derrière la Porte des

---

1 ROBINSON Kim Stanley, *op. cit.*, p. 51.

2 *Ibid.*, p. 52.

3 *Ibid.*

4 *Ibid.*, p. 63.

5 *Ibid.*, p. 52.

147

mondes « existent tous les mondes possibles[1] ». Y compris un monde dans lequel la sévérité de la Peste ne porte en rien atteinte à la colonisation de la planète par l'Occident, ou un monde dans lequel les Occidentaux relégués au second rang, les autres civilisations en profitent pour se développer bien plus que nous n'avons pu le faire dans notre ligne temporelle ; ce ne sont simplement pas ceux dans lesquels se trouve le personnage principal.

Un autre intermédiaire encore se rencontre dans *In High Places* de Harry Turtledove ; le nombre de victimes de la Peste ne s'écarte guère de celui du roman précédent, et les variations entre les deux ouvrages viennent plus d'une croyance différente des deux auteurs en l'exceptionnalité de l'Occident : si elle est discrète chez Silverberg, et discutable comme on l'a indiqué, elle est manifeste chez Turtledove. Dans le monde de l'héroïne, qui ressemble beaucoup au nôtre, si ce n'est qu'on y a inventé le voyage entre les univers parallèles, « la peste bubonique – la mort noire – a tué environ un tiers de personnes en Europe, à partir de 1348[2] » ; dans celui où commence le roman, « elle a continué, et continué, et continué... Quand elle s'est finalement arrêtée, quatre Européens sur cinq étaient morts ». Soit quatre-vingts pour cent, au lieu de soixante-quinze pour cent dans *La Porte des mondes*.

> Ce qui avait été une civilisation florissante était mort aussi. Il ne restait pas suffisamment de gens pour empêcher les musulmans, qui avaient été presque expulsés d'Espagne, de la reprendre. Ils avaient pour finir conquis le sud de la France, l'Italie et les Balkans[3].

On apprend que la France a été réduite au Royaume de Versailles, que le christianisme a connu l'incarnation d'un second fils de Dieu, Henri, mort sur la roue. Il est surtout clair que pour l'auteur, la prééminence des musulmans a eu des conséquences néfastes sur les sciences et les techniques, et par contrecoup sur les mœurs : si l'héroïne peut être vendue comme esclave, c'est que l'esclavage est toujours une pratique courante : « les gens dans cette réalité avaient besoin d'autres gens pour faire le travail pour eux. Ils n'avaient pas de machines, de la façon dont sa ligne temporelle d'origine en avait[4] ». En outre, mais cela ne semble pas s'expliquer par le faible développement technoscientifique, la condition des femmes est mauvaise : « *tout le monde* était sexiste, les Musulmans, les Chrétiens, les Juifs, les Hindous, les Bouddhistes et les Américains sur les continents que les gens du Vieux Monde venaient juste de découvrir[5] ». On le voit, l'essor de l'Occident

---

1 *Ibid.*, p. 50.

2 TURTLEDOVE Harry, *In High Places*, 2013, ch. 1, p. 14. Nous traduisons.

3 *Ibid.*

4 *Ibid.*, ch. 2, p. 35.

5 *Ibid.*, ch. 1, p. 15.

était nécessaire à la libération de la femme ; sans lui personne n'a eu l'idée avant le vingt-et-unième siècle d'essayer d'aller en bateau vers l'Ouest de l'Europe, pas plus que les originaires de ce que nous appelons l'Amérique n'ont eu l'idée de quitter leur continent ; et « la Révolution industrielle n'était pas arrivée dans ce monde[1] ».

Toutes les différences ne s'expliquent pas aisément :

> Les érudits dans la ligne temporelle d'origine discutaient encore pour savoir pourquoi les choses avaient tourné ainsi. Ils continueraient jusqu'à ce qu'ils en connaissent plus – et même probablement après. Discuter, confronter les idées aux éléments de preuve, c'est ce qui fait avancer la connaissance[2].

Malgré ce beau discours aux accents poppériens sur la nécessité de confronter les théories aux expériences qui peuvent les réfuter, le monde dépeint par Turtledove semble plus révélateur des préjugés de l'auteur qu'il n'est éclairant sur les processus historiques. Certes, Turtledove tente d'expliquer le retard scientifique du monde où se retrouve son héroïne par une opposition entre Thomas d'Aquin, pour qui « il ne pouvait y avoir de conflit entre religion et science » et al-Ghazali, qui « croyait exactement le contraire ». Dans la ligne temporelle d'origine de l'héroïne et dans la nôtre, « les conceptions de Thomas d'Aquin furent dominantes dans la chrétienté occidentale. Celles d'al-Ghazali prévalurent en terre d'Islam. Elles prévalurent aussi » dans la ligne temporelle où se situe le roman[3]. Mais c'est une vision extrêmement simpliste de l'histoire des idées, tant en Occident qu'en terre d'Islam : elle met l'accent de part et d'autre sur un seul penseur en omettant qu'il y en a eu bien d'autres, et que les idées dominantes ont changé au cours du temps.

Le roman de Turtledove ne prétend certes pas être une réflexion profonde sur le mouvement de l'Histoire en général, et sur l'impact des pandémies en particulier ; aucun ne le prétend, même si nous avons essayé de les lire dans cette perspective. De tous, il semble ressortir que la domination de l'Occident est un fait non seulement contingent, mais improbable, puisqu'il aurait suffi que la Peste soit différente de ce qu'elle fut, soit qu'elle n'existât pas, soit qu'elle fût plus intense, pour que cette domination ne s'exerçât pas. Mais tous adoptent de façon plus ou moins consciente le préjugé selon lequel, néanmoins, l'Occident avait un rôle privilégié à jouer grâce à un accès privilégié à la science : sans révolution scientifique en Occident, il n'y aurait pas eu de révolution scientifique du

---

1 *Ibid.*

2 *Ibid.*, ch. 2.

3 *Ibid.*, ch. 2, p. 31.

tout. Ces remarques s'appliquent bien moins au livre de Robinson. Auteur de *hard science,* il est aussi sérieux dans son traitement des sciences sociales que des sciences de la nature, et il essaie donc de tirer les conséquences de la contingence de la domination occidentale. On pourrait cependant lui reprocher de ne pas envisager la possibilité d'un développement scientifique qui, tout en étant aussi poussé que celui que nous avons connu, soit néanmoins différent. Quand d'aucuns pensent que même des extraterrestres développeraient la même science que nous[1], le reproche ne serait certes pas très sérieux, d'autant que pour ne pas s'y exposer, il lui aurait fallu inventer lui-même une tout autre science, ce qui n'a rien d'évident. Il montre pourtant à quel point il nous est difficile de rompre entièrement avec l'idée de l'exceptionnalité de l'Occident. Pour cela, il faudrait sans doute des histoires alternatives écrites par des non-Occidentaux, mais cela nous amènerait bien loin de notre Peste noire qui, vue d'ailleurs, n'est vraisemblablement qu'un incident mineur.

Bibliographie

CRICHTON Michael, *Prisonniers du temps,* trad. Patrick Berthon, Paris : Pocket, 2002.

ROBINSON Kim Stanley, *Chronique des années noires,* trad. David Camus et Dominique Haas, Paris : Presses de la Cité, 2003.

RUSSELL Bertrand, *The Scientific Outlook*, I.I, London: Routledge, 2001.

ROBINSON Kim Stanley, *La porte des mondes,* trad. Annie Saumon, Paris : Pocket, 1982.

SILVERBERG Robert, *Les temps parallèles,* trad. Henry-Luc Planchat, Paris : Marabout, 1976.

TURTLEDOVE Harry, *In High Places*, London: Gollancz eBook, 2013.

WEINBERG Steven, *Dreams of a final theory*, New York : Random House, 1993.

WILLIS Connie, *All clear,* trad. Joëlle Wintrebert et Isabelle Crouzet, Paris : Bragelonne, 2013.

WILLIS Connie, *Le Grand Livre,* trad. Jean-Pierre Pugi, Paris : J'ai Lu, 1994.

---

1   Voir par exemple WEINBERG Steven, *Dreams of a final theory*, 1993, ch. 2, p. 36.

Résumés

Alexandre Marcinkowski   p. 9
    La bande à bacilles. La belle époque des agents pathogènes
    dans la littérature de merveilleux scientifique (circa 1880-1930) ?

En France, dans un contexte de mortalité persistante due aux agents pathogènes, l'émergence de la science pastorienne, et de ses succès dans le domaine de l'hygiène, a suscité un large espoir auprès des populations à la fin du XIXe et au début du XXe siècle. La littérature de merveilleux scientifique s'est également emparée du motif microbien-bactérien, pour ne le traiter que de manière distanciée, alors même que la recherche bactériologique semblait incapable d'énoncer un discours unitaire. La parution de *Rétrofictions*, vaste encyclopédie dans le domaine de la « proto science-fiction » francophone, a permis de mesurer concrètement cet écart et de relativiser l'importance que l'on peut donner naturellement au motif microbien-bactérien.

Nadège Langbour   p. 33
    U4 ou la pandémie dans les fictions pour la jeunesse

Si le cinéma, la bande dessinée et les jeux vidéo développent régulièrement des fictions pandémiques à destination des adolescents, la littérature de jeunesse s'empare rarement de ce motif. Toutefois, en 2015, quatre romanciers décident d'investir le thème de la pandémie pour écrire la quadrilogie *U4*. L'originalité du projet collectif, tout comme la spécificité du lecteur cible, les invitent à repenser la fiction pandémique dont ils renouvellent les *topoï* littéraires du genre. Sans faire l'économie du discours médical sur l'épidémie, de l'analyse sociopolitique de la gestion de la crise et de la réflexion philosophique sur la temporalité pandémique, ils abordent ces questions de façon à en rendre la compréhension accessible au jeune lecteur. À ces innovations thématiques qui conduisent par exemple les romanciers à superposer les motifs du jeu vidéo et ceux de la réalité pandémique s'ajoutent des innovations formelles : en écrivant cette quadrilogie à quatre mains, les auteurs développent une narration intertextuelle complexe qui fait d'*U4* non seulement une écriture de la contagion, mais aussi une contagion de l'écriture. Entre effet de création et effet de réception, la fiction pandémique d'*U4* propose ainsi au jeune lecteur une véritable réflexion sur la question épidémique, ce qui semble d'autant plus d'actualité en 2020 alors que les adolescents et les jeunes adultes se sentent peu concernés par la crise mondiale du Covid-19.

« Grizzly ghouls from every tomb are closing in to seal your doom » :
les zombies, pandémie filmique du XXIᵉ siècle

La crise de la Covid-19 a mis à jour la perpétuation d'angoisses liées à la contamination et à l'effondrement qui pourrait en résulter. Dans la culture populaire, et en particulier au cinéma, ces angoisses se voient cristallisées dans la figure du zombie, créature dévorante et contaminatrice qui envahit depuis une vingtaine d'années les écrans. Les hordes en décomposition ont en effet perdu leurs racines haïtiennes tandis que le cinéma d'horreur du XXIᵉ siècle les associait à la question de la contagion et, en transformant la zombification en une maladie infectieuse, brouillait un peu plus la frontière entre le genre de l'horreur et celui de la science-fiction. Le zombie questionne ainsi notre rapport à la science, en apparence toute-puissante, mais rarement capable de trouver une solution à l'apocalypse zombique, ainsi qu'à la société contemporaine dominée par le système économique capitaliste et par les mécanismes qui le structurent. Le zombie constamment affamé incarnerait donc la masse des consommateurs, dont les désirs doivent être satisfaits par une production toujours plus importante, tout comme l'appétit de ces créatures mène à la création d'un nombre croissant de zombies au travers de la contamination. En représentant la chute de la société contemporaine, mais aussi en interrogeant nos pratiques de consommation et notre rapport à l'environnement, le zombie devient dès lors une figure de l'écocritique dans la culture populaire.

Manouk Borzakian p. 119

Des zombies au Covid-19, l'interminable apocalypse

À la lumière des points communs entre les situations mises en scène dans les films de zombies et les réactions individuelles et collectives provoquées par la pandémie de Covid-19, cette contribution défend une double hypothèse. Premièrement, le virus n'est qu'un exemple parmi d'autres d'angoisses diffuses circulant dans l'inconscient occidental, en lien avec notre « condition postmoderne » : il vient ajouter de l'instabilité et de l'incertitude à un monde déjà (perçu comme) instable et incertain. Deuxièmement, les réactions collectives et individuelles à la pandémie ont été la reproduction de comportements déjà ancrés dans les imaginaires collectifs, à commencer par le choix de l'enfermement à différentes échelles – avec le succès limité que l'on sait. Ces réactions s'insèrent dans un travail de dépolitisation : la survie devient le seul enjeu collectif, instaurant un état d'urgence permanent dans lequel les différences sociales sont gommées au profit d'une unité illusoire.

Jean-Luc Gautero & Camille Noûs p. 137

La Peste

La science-fiction ne traite pas seulement de manière spéculative des pandémies à venir : grâce aux voyages dans le temps, elle peut aussi aborder les pandémies du passé et la connaissance que nous en avons ; et, grâce aux univers « parallèles », elle peut examiner, certes de manière plutôt rudimentaire, les conséquences sociales de celles-ci, la façon dont elles ont agi sur l'évolution de la société, en imaginant comment le cours de l'Histoire aurait été changé si elles avaient été plus ou moins fortes, voire inexistantes. Ce sont les deux aspects que nous nous proposons de passer ici en revue, avec celle qui est sans doute la plus marquante de ces pandémies passées dans l'Histoire de l'Occident et par contrecoup du monde, la Peste noire du quatorzième siècle.

Sommaire